KB192689

그물을 벗어난
금빛 물고기

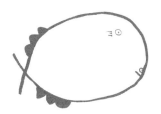

그물을 벗어난
금빛 물고기

김종만 지음

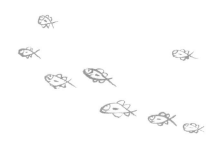

시간
여행

살아온 대로 나를 지켜준 하나의 화두
보살은 자비를 실천하는 데 있어서 상대를 분별하지 않는다

아버지를 그리며

천둑 냇둑 질퍽한 논둑 끝나고
아득한 감나무 저 뒤로 한참 멀어진 곳에
가쁜 숨 더 몰아쉬어야 드러나는 하늘 뚫린 봉분
가림막 없어 더욱 뜨겁게 달아오르는 열기

마치 오는 길 알고나 있었나
어릴 적 박하사탕 향 맛이 현기증을 일으키고
반가운 맘 먼저 달려가 봉분에 앉았더니
흔적 없는 교신은 끊어지고 외로움만 커진다.

아버지, 엄만 뼈만 남았어요
이승의 사람은 죄다 기억에서 빼버리고
아버지의 집에 들어갈 날만 기다린 듯
귀도 눈도 입도 모두 꾹 다물었어요.

수백 개의 이름과 번호가 번갈아 뜨고
수천 개의 기호와 형상이 매일 매일 축제인데
나에게 가장 가까운 산 자와 죽은 자
목젖 뜨겁도록 두 분의 교신은 불통이다

- 김종만

추천사

　조주 선사가 일갈(一喝)하시길, "직언(直言)은 끽철추(喫鐵鎚)"
라고 했습니다.
'끽철추(喫鐵鎚)'는『고존숙어록(古尊宿語錄)』과『조주록(趙州錄)』
에 나오는 말입니다. 내용인즉슨, 한 스님이 와서 "직언(直言)이
무엇이냐?"고 묻자 조주선사가 "끽철추(喫鐵鎚)"라고 답한 것입
니다. 한자는 표의문자여서 때로는 다의적인 해석이 가능합니
다. 조주선사의 말씀은 '바른 말은 듣는 이에게 쇠 방망이를 맞
는 것과 같다'는 의미로도 보이고, '바른 말을 한 이는 쇠 방망이
나 맞게 된다'는 의미로도 보입니다.
조주 선사가 살던 때나 지금이나 권력의 힘은 쇠 방망이처럼
무섭습니다. 자칫 바른말(直言)을 했다가는 쇠 방망이로 맞을

수 있는 것입니다. 하지만 최고 권력자에게도 직언을 할 수 있는 사람이 있으니, 바로 언론의 기자입니다.

언론은 힘 있는 사람에게 쇠 방망이 같은 직언을 할 수 있어야 합니다. 직언이 필요한 때는 따로 없습니다. 직시현금(直是現今) 갱무시절(更無時節), 난세의 시절이나 태평성대의 시절이나 제 목소리를 내는 올곧은 사람들은 있었고, 그 올곧은 사람들의 직언이 세상을 발전시켰습니다.

흔히 언론의 역할을 목탁에 비유합니다. 목탁은 목어(木魚)에서 유래되었기 때문입니다. 언론의 기자는 물고기처럼 항상 깨어 있어야 합니다. 자신이 깨어 있을 때만이 독자들에게도 큰 반향(反響)을 일으킬 수 있습니다.

김종만 기자의 『그물을 벗어난 금빛 물고기』는 항상 깨어 있고
자 했던 불제자(佛弟子)로서의 원력과 독자들에게 직언(直言)을
고하고자 했던 기자로서의 사명의식이 맞물려 만들어진 것이
라고 할 수 있습니다.

김종만 기자가 벌써 회갑을 맞았다는 소식에 세월이 쏜살과 같
음을 새삼 실감하게 됩니다. 김종만 기자의 회갑을 축하하면서
납승의 졸시 「오동향로(烏銅香爐)」를 인용함으로써 축사를 대신
하고자 합니다.

　온갖 원(願)

　앉힌 자리

꿈을 태운 화중삼매(火中三昧)

이제는
연지(燃指)로도
갈 수 없는 서역만리(西域萬里)

향연(香煙)은
빈 성터에 남아서
꽃잎으로 피고 있다.

살포시

유성(流星)을 앉혀
저 궁전(宮殿) 지등(紙燈) 밝히면

쉬었던
구름도 이젠
용이 되어 비천(飛天)하고

먹물 빛
차가운 가슴도
빛을 안아 사리(舍利)런가

납승의 졸시에서 어둔 밤하늘에 떠서 영겁(永劫)의 시간을 가로질러온 '유성(流星)'은 지상에 살포시 내려앉아 '궁전(宮殿) 지등(紙燈)'이 됩니다.

불 밝힌 지등에는 까마득한 시공간을 날아온 유성의 기억이 깃들어 있듯이, 이 지상 위의 모든 인연에는 '연지(燃指)로도 갈 수 없는 서역만리(西域萬里)'에 대한 그리움이 깃들어 있을 것입니다.

이번 책은 김종만 기자가 불은(佛恩)에 보은(報恩)하고자 하는 비원(悲願)의 결실일 것입니다. 책 출간을 계기로 김종만 기자의 문향(文香)이 오동향로의 향연(香煙)처럼 그윽해지길 바랍니다.

－정휴(正休) 큰스님(운수시인(雲水詩人))

추천사

김종만 평화로운 세상 만들기 정책실장과 소납의 인연은 30
년이 넘었다.

그는 강인한 듯 보이나 언론생활에선 늘 가슴앓이를 놓지 않
았다. 그럴 때마다 소납이 있는 곳으로 달려왔고 난 술을 좋아
하는 그에게 자리를 만들어주는 것으로 그의 가슴앓이를 위로
했다.

 외신을 타고 세계적 뉴스거리가 됐던 1994년과 1998년 종단
사태 때 현장에 있었던 그는 많이 힘들어했다. 바람처럼 흔들
리는 원칙과 정의에 실망하는 모습이 역력했다. 이러한 성정
탓에 그의 삶은 평탄하지 않았다.

그런데도 불교 언론의 한길을 오롯이 걸어온 그가 이번에 책을

낸다고 한다. 그의 글은 그의 삶을 담고 있다. 평소의 지론과 소
신이 그대로 담겨 있어 세월의 때를 타지 않는다. 독자 제현의
일독을 권한다.

－도완 스님(충주 홍령사 주지 · 사단법인 평화로운세상만들기 이사장)

불교 언론은 두 가지 기능과 목표를 갖는다. 하나는 부처님의 가르침을 미디어에 실어 홍포하는 전법의 기능, 또 하나는 교단이 건강하게 발전할 수 있도록 비판하고 감시하는 언론의 기능이다.

그러나 이 두 가지는 왜곡되기 일쑤다. 정법의 선양과 홍포는 방편론을 만나 변질되고, 교단 문제에 대한 건전한 비판은 좁은 도량의 몰이해 앞에서 무력화된다. 이런 조건에서 평생을 이 분야에 투신한다는 것은 놀라운 일이다.

김종만 선생은 청춘의 시기에 불교 언론에 기투해 환갑이 되도록 일해 온 관록의 불교 언론인이다. 그는 현실의 장벽에도 불구하고 불교 언론인으로서 초심을 지키기에 진력했다. 이 산

문집은 그가 지난 세월 동안 무엇을 위해 어떤 주장을 펼쳤는
지를 보여주는 보록(寶錄)이다.

-홍사성(불교평론 편집인)

살아온 대로 나를 지켜준 그 근본을 지켜가겠다

불교계 언론에서 풍상을 겪으며 살아온 지 올해로 32년째를 맞고 있다. 1988년 〈불교신문〉에 입사해 수습기자생활을 했던 기억이 아직도 새롭다. 당시 수습기자생활은 무척 힘들었다. 1~2년 차 선배가 지도했던 게 아니라 데스크가 직접 취재지시를 내리고 원고를 손봤는데 한 번에 통과한 기사가 없었다.

그도 그럴 것이 갓 입사한 수습기자에게 주어진 건 단순 스트레이트 기사가 아니었다. 주로 '해설', '분석기사'를 쓰라는 게 나에게 떨어진 과제였다. 가령 '조-태 분규위원회' 회의에서 나온 결과를 놓고, 이에 대한 해설 또는 분석을 해보라는 명령이 떨어지면 한동안 막막했을 따름이다.

'조-태 분규위원회'란 이름도 생소했거니와 여기에서 오가는 대화조차 이해하기가 쉽지 않았기 때문이다. 그저 회의에서 나온 얘기들을 대충 얼버무려 써서 보여주면 데스크가 빨간 사인펜으로 원고를 벌겋게 물들여가는 것을 속절없이 바라만 봐야했다. 그리곤 데스크가 일러준 자료를 찾아 원점에서 다시 기사를 써야 했다. 이렇게 해도 2~3차례의 손질과 또 다른 자료를 통한 공부로 기사를 작성해야 겨우 OK 사인이 떨어졌다. 이렇게 해서 완성된 기사는 〈불교신문〉의 지면을 크게 장식했다.

해방 이후, 한국불교의 역사는 조계종과 태고종의 분규로 이어진다. 이승만 대통령의 유시로 촉발된 조-태 분규의 비극사(悲劇史)는 결국 비구와 대처 승가의 분열로 결론 난다. 즉 비구 승단의 조계종과 대처승단의 태고종으로 갈라지게 된 것이다. 난 '조-태 분규위원회'를 취재하고 기사를 쓰면서 이 역사를 상세히 알게 됐다.

한 마디로 조-태 분규는 해방 이후 한국불교 역사의 전부라고 해도 지나친 말이 아니다. 데스크는 이외에도 각종 기획기사나 분석기사 등으로 한국불교의 전반을 공부할 기회를 주었다. 당시 18개 기성종단에서 우후죽순 생겨나고 갈라지는 창종(創宗)과 분종(分宗)의 역사, 경전을 번역하는 역경(譯經)의 문제, 군부독재와 맞선 재야불교단체의 민중 불교사, 종단의 제도개

혁 과제 등 한국불교의 전반 상황이 내 머릿속에 입력됐다.

힘든 시간이었지만 이러한 과정을 통해 나는 불교저널리스트로 단련돼 가고 있었다. 과장된 표현일지 모르나 입사 1년 만에 나는 어떤 기사를 줘도 쓰는 데 주저함이 없었다. 어느덧 나는 불교 저널리스트의 지위를 확보해 나갈 수 있었다.

이렇게 나를 만들어 준 데스크는 현재 〈불교평론〉 편집인 겸 주간으로 있는 홍사성 선배다. 그는 남다른 안목과 객관적 분석력으로 척박했던 불교 언론의 지평을 넓히고 위상을 강화하는 데 이바지했다. 〈불교방송〉과 〈불교 텔레비전〉을 두루 거치며 우리나라에서 첫걸음을 떼던 불교방송과 언론계에서 부처님 정신을 정립시키려 노력했던 인물이다.

홍사성 선배가 교학적 깊이를 통해 날 저널리스트로 키웠다면 선학(禪學)으로 나의 시야를 넓혀준 분은 정휴 큰스님이다. 정휴 큰스님 역시 〈불교신문〉 사장을 지냈으며 〈불교방송〉 초대 상무를 맡아 불교방송의 개국을 성공적으로 이끈 불교언론계의 대부라 할 수 있다. 1971년 〈조선일보〉 신춘문예를 통해 시조 '무영탑'으로 등단한 스님은 뛰어난 필력으로 십수 권의 저서를 냈다. 특히 소설 「열반제」는 1986년 KBS에서 드라마로 제작해 방영할 정도로 불교의 해탈 사상을 격조 높게 표현했다는 평가를 받았다. 정휴 큰스님이 각종 선어록에 나오는 일화를 들려줄 때마다 난 신선한 충격과 전율을 느꼈다. 중국 선불교에서 교학에 대한 자만과 오만에 꽉 차있던 덕산선감(德山宣鑑, 782~865)이 떡 파는 노파의 질문에 한 마디 답도 못해 창피와 굴욕을 당하였으나 훗날 방망이로 납자들을 제접하며 선불교의 거장으로 자리했던 것처럼 나도 정휴 큰스님의 가르침으로 선불교의 매력에 흠뻑 빠져들었다. 이에 내공이 쌓인 난 2013년 『마음의 밭에 달빛을 채우다-선시 읽기』란 책을 낼 수 있었다.

불교 언론에 종사하면서 맺게 된 또 다른 지중한 인연은 현재 충주 흥령사 주지로 계신 도완 스님과 오대산 동관음암 주지

행담 스님이다. 남해 화방사 주지 선문 스님은 잠시 호계원에서 일할 때 인연을 맺었다. 논산 관촉사 청년회 때 포교에 열성이던 백제불교회관 관장 장곡 스님도 빼놓을 수 없는 지중한 인연의 관계다. 불교 언론에 종사하면서 이런저런 고통과 시련에 처할 때마다 난 이분들을 찾아 위로를 받았다. 지금도 나의 억지와 불민함을 받아주시고 감싸주시는 분들이다.

그간 수십 편의 글을 썼다. 논문을 비롯해 칼럼, 연재 등 각종 주제에 따라 쓴 글이 수십 편이나 됐다. 불교 언론에 종사한 지 32년째 회갑을 맞아 이 글들을 정리해보자는 생각이 들었다. 거칠고 비판적인 원고는 일단 제쳐 두고 현재 한국불교에서 같이 고민하고 숙제로 남아있는 주제의 글만 추려 세상에 내놓기로 했다. 또 하나의 화두를 세상에 던지는 꼴이다.

정휴 큰스님으로부터 받은 선적 사유, 홍사성 선배의 교학적 가르침, 틈만 나면 이루어졌던 도완 스님과의 자유토론 등이 어떻게 나의 글에 영향을 미치고 있는지 점검해 볼 요량으로

부끄럽지만, 출간을 결심했다. 독자들의 질책을 겸허히 받아들일 생각이다.

흔쾌히 이러한 나의 뜻을 수용해준 시간여행 김경배 대표와 편집진에게 감사의 인사를 드린다. 또 선화(禪畵)를 기꺼이 그려주신 행담 스님에게 고마운 맘 전한다. 그간 익힌 재주를 회향할 수 있도록 일터를 내주신 한국불교태고종 총무원장 호명 스님과 주필 승한 스님에게도 감사할 뿐이다.

새로운 세상은 변화에 인색하면 안 된다. 나 역시 새로운 변화를 꿈꾸기 위해 이런 짓을 저지르고 있다. 하지만 변절은 사양이다. 지금처럼 살아온 대로 나를 지켜준 그 근본은 지켜갈 일이다..

불기 2564년 10월
김종만 씀

차례

2장

법고를 두드리며 _칼럼 모음집

1. 부처님께 다가서기

3장

기복 불교란 무엇인가

1장

공안으로 세상 읽기

깨달음만을 지나치게 미화하고 강조하는 선은 정법불교와 거리가 멀다.
십우도의 가르침처럼 선의 궁극적 목적은 저잣거리로 다시 돌아와 대중들과 함께하는 것이다.
선사들의 이러한 가르침을 담은 공안을 해설한 것이 이 글이다.

1. 잘린 손가락으로 도를 세우려니

01. 가짜 부처들은 가라

날씨가 매우 추워 난로를 찾으니 보이지 않고, 땔감을 찾던 중 법당 안에 모셔진 나무부처 상을 발견했다. 그래서 나무부처를 안고 나와 모탕 위에 놓고 쪼개 군불을 지피고 있는데 마침 혜림사의 원주가 보고는 깜짝 놀라 단하를 비난했다. 단하는 천연덕스럽게 대답했다.

"사리가 혹 나오나 해서…"

원주가 말하길 "나무에 무슨 사리가 있겠소?"

단하가 대답했다.

"사리가 나오지 않으면 부처가 아닐 것이요, 그렇다면 나를 책망할 게 없지 않소."

원주는 할 말을 잃었다.

- 『경덕전등록』제14권 3

도올(檮杌) 김용옥(金容沃) 선생은 『나는 불교를 이렇게 본다』에서 대학생 시절 외국인 친구들과 함께 한국사찰을 돌며 동양사상을 공부하고 의견을 나누었다.

외국인 친구는 거대한 나무부처 혹은 철불 앞에서 큰절을 올리는 불교 신자를 보며 우상숭배라고 힐난(詰難)하였다. 서양종교에 익숙한 그들로서는 그 비난이 당연하였을 것이다. 그렇지만 도올은 기독교 신자이긴 해도 그들의 비난이 달갑지만은 않았다. 그들이 말하는 우상숭배란 한국문화와 사상으로 보면 맞지 않는다고 여긴 도올이었다. 이를 해명할 수 있는 마땅한 논리나 근거를 찾지 못해 애를 태웠다.

서양종교에서 말하는 우상숭배와는 다른 차원의 불교를 어떻다고 설명할 수 없어 자존심이 무척 상해 있던 중 도올은 한 사찰 공양간에서 단하가 목불을 쪼개 군불을 때는 그림을 발견하였다. 도올은 그 사찰 주지 스님으로부터 그림의 내용을 듣고 충격을 받은 한편 기쁨을 감추지 못했다.

그물을 벗어난 금빛 물고기

외국인 친구들이 단순하게 비난하고 있는 우상숭배를 불교 입장에서 반박할 수 있는 아주 좋은 소재였기 때문이다. 도올은 외국인 친구들에게 그림을 보여주며 내용을 설명하였고, 이러한 파격이 불교, 특히 선불교 전반에 감춰져 있음을 주지시켰다고 한다.

단하천연(丹霞天然; 739~824) 선사는 석두희천(石頭希遷) 선사에게 머리를 깎고 마조도일(馬祖道一)의 법제자가 된 이로 어느 추운 겨울날, 혜림사라는 절에 들렀다가 이 같은 일화를 남기게 된다. 날씨는 추운데 방에 불을 지펴주지 않자 단하 선사는 법당 목불을 들고나와 도끼로 쪼갠 후 아궁이에 불을 땠다. 이를 보고 놀란 원주가 단하에게 야단을 치며 달려들었다. 원주란 절의 살림살이를 맡은 소임이다. 단하는 싸울 듯 달려드는 원주의 분노를 이렇듯 사리문답(舍利問答)을 통해 시원하게 해소한 것이다.

실제로 옛 선사들에겐 목불을 불쏘시개로 쓴 단하보다 더한 일화들이 수두룩하다. 대표적인 게 '부처를 만나면 부처를 죽이고 조사를 만나면 조사를 죽인다'라는 살불살조(殺佛殺祖)다.

혜연(慧然)이 엮은『임제록(臨濟錄)』에 나오는 말인데 임제의현(臨濟義玄; ?~867) 선사의 법어다. 임제의현은 '살불살조'와 '오무간업(五無間業)'을 설파했다. 오무간업이란 어머니를 죽임

(殺母)·아버지를 죽임(殺父)·아라한을 죽임(殺阿羅漢)·화합 승가를 깨뜨림(破和合僧)·부처님의 몸에 피를 내는 것(出佛身血)으로 모두 무간지옥에 떨어지는 중죄(重罪)다.

이 말을 액면 그대로 받아들이면 무시무시할뿐더러 아무리 속가를 버리고 출가한 이라 할지라도 극악무도한 패륜아를 연상케 한다. 그러나 여기엔 관념에 집착하면 본분사를 망가뜨리게 된다는 경계를 담고 있다.

관념이란 어떤 이미지나 인식을 절대화하면 그 틀에 갇혀 오히려 구속되고 만다. 임제는 이것을 경계하면서 친절한 설명을 곁들였다. 즉, 어머니를 해친다는 것은 애착으로부터 빠져나오라는 의미이고 아버지를 죽인다는 것은 무명(無明)에서 벗어나라는 뜻이다. 아라한을 죽임은 근기 낮은 행동과 헛된 깨달음을 경계하는 것이며, 화합 승가를 깨뜨린다는 것은 허공과 같이 꾸밈이 없는 곳에 도달하는 것을 말한다. 부처의 몸에 피를 낸다는 것은 청정한 법계 가운데서 한 생각도 일으키지 않고 자유로움을 누리라는 뜻이다.

임제의 이러한 설명은 결국 관념과 집착에서 벗어나 진정한 자유를 구가하라는 뜻으로 그가 말한 살불살조와 의미가 통한다.

덕산선감(德山宣監; 778~863)도 임제에 비해 뒤지지 않았다.

불조(佛祖)를 관념적 우상으로 떠받드는 풍조를 비판적으로 봤던 덕산은 다음과 같은 독설(毒舌)을 서슴지 않았다.

"나는 역대 선사들과는 생각을 달리한다. 부처도 없고 조사도 없다. 보리 달마는 냄새나는 야만인에 불과하다. 석가모니는 별 볼 일 없는 밑씻개요, 문수와 보현은 변소 치는 사람이다. 삼먁삼보리와 오묘한 깨달음이란 족쇄를 벗어난 평범한 인간성에 지나지 않으며 보리와 열반은 당나귀를 매어두는 나무 기둥에 지나지 않는다. 12분교의 교학이란 귀신의 장부일 뿐이며 종기에서 흐르는 고름을 닦아내는 휴지에 적당하다."

교조와 교리를 비판하는 것은 근본을 뒤흔드는 일이다. 종교의 신성을 모독하는 행위는 가장 끔찍한 벌과가 주어진다. 기독교에 익숙한 서양 청년들에게 '살불살조'와 교조를 '밑씻개'로 비유하는 선사들의 독설이 어떻게 받아들여질까?

도올은 친구들에게 우상숭배의 헛것이 다름 아닌 그들 자신의 관념에 있다는 점을 일깨우며 상쾌해 했다.

그러나 진정 불교 안에는 우상숭배가 없는 것일까? 관념에 사로잡히지 않고 진정한 자유, 다시 말해 해탈의 즐거움을 맘껏 구가하고 있는 것인가? 불교는 결단코 우상숭배의 종교가 아니라고 단언할 수 있을까? 불조를 공격하면서 관념적 우상을 경고했던 8~9세기를 훨씬 지나 21세기를 사는 지금, 우리는 얼마나 우상의 틀에서 벗어나 있을까?

시대는 과학과 문명의 최첨단을 살고 있다는 21세기지만 우상의 형상은 원시 형태를 벗어나지 못하고 있다는 게 솔직한 심정이다. 여전히 우리는 '헛것'에 매달리고 '가짜'에 속으며 살고 있다.

그렇다면 헛것과 가짜에 속지 않고 사는 방법은 무엇일까? 가령 '달을 가리키면 달을 봐야지 왜 손가락 끝을 보나?'라고 했을 때 달을 잘못 가리키는 스승의 손가락이라면 가차 없이 잘라내야 한다. 그래야 바로 볼 수 있다. 과거 선사들이 살불살조를 내세운 이유는 관념에 집착하게 되면 가짜 부처와 조사의 형상에 매달려 수행에 대한 진척을 이룰 수 없다는 판단에서다.

쉽게 예를 들어보자.

"자신에 의지하고 법에 의지하라.[自燈明 法燈明]"

부처님의 유훈(遺訓)은 그저 공허한 메아리에 그치고 있는 게 현실이다. 등신불에 의지하고 스님들에 매달리는 게 일반 신도들의 모습이다. 우리나라 사찰 어디에 가든 불상 앞에서 동그랗게 손을 말아 엎드려 절하는 신도들의 모습을 쉽게 접할 수 있다. 이를 나쁘다고 말하는 게 아니다. 다만 불교가 기복(祈福)으로 빠진다면 우상은 타파해야 할 대상이다.

불교는 작인작과(作因作果)의 연기론(緣起論)을 기본사상으로 하고 있다. 이러한 사상적 기초에 입각하면 불교는 작복(作福)의 종교다. 어떠한 초월적 힘이나 신에 의지해 복을 구하는 기복 종교가 아니다.

불상은 예배의 대상이다. 어떠한 영이(靈異)와 신비한 힘을 주지 못한다. 그런데 사람들이 불상을 통해 구원을 바란다면 잘못된 신행 형태가 아닐 수 없다. 『아함경』 등 불전에 의하면 불상은 처음 코삼비국의 우다야나 왕이 향나무로 석가의 모습을 조각하여 만들었다고 한다. 이후 본격적으로 불상이 출현하게 된 때는 부처님 입멸 후 500년 기원 전후였다.

불교미술을 전공한 전문가들은 이때를 즈음하여 인도 서북부 간다라 지방과 북부 마투라 지역에서 비슷한 형태의 불상들이 출현했다고 설명한다. 그러나 시간이 지나면서 불상은 사찰의 경제적 욕구가 강해지면서 예배대상이 아닌 기복의 우상으로 자리 잡게 되었다. 이를 소설가 김성동 씨는 그의 문단 등단 작품이기도 한 장편소설 『만다라』를 통해 통렬한 아픔으로 표현해내고 있다.

소설 속 파계승으로 자처하는 지산스님이 온갖 아픔과 고통을 담고 있는 이지러진 모습의 불상을 조각하자 주인공 법운스님이 "부처님의 모습이 왜 온화하고 자비로운 미소를 띤 모습이 아니냐?"고 묻자 내뱉는 말이 가슴을 저리게 한다.

"중생들이 저리도 아파하는데 부처님이 어찌 마냥 웃고만 있을 수 있을까?"

우리 주위에 있는 가짜 부처의 형상은 제거해 내는 것이 옳다. 단하 선사가 목불을 불쏘시개로 사용하듯 가짜와 헛것에 집착하는 일이 없어야겠다.

02. 흉내 내기서 벗어나기

구지 화상은 누가 뭐라 물어도 다만 손가락을 들 뿐, 후에 동자가
있어서 어느 때 방문객이 물었다.
"스님께서 어떤 법요를 설하던고?"
동자 역시 손가락을 들어 보인다.
화상은 이 말을 듣고 칼로 동자의 그 손가락을 잘랐다. 동자는 아
파 통곡하며 달아날 때 화상이 불렀다. 동자가 머리를 돌리자 이
때 화상이 손가락을 들어 보였다. 동자는 홀연히 깨쳤다.●

- 『무문관』 제3칙 '구지수지(俱胝竪指)'

일찍이 아리스토텔레스는 "예술은 모방이다."라고 했다.

● 俱胝和尚 凡有詰問 唯擧一指 後有童子 因外人問 和尚說何法要 童子亦竪指頭 胝聞遂以
刀斷其指 童子負痛號哭而去 胝復召之 童子廻首 胝却竪起指 童子忽然領悟

예술의 높고 깊은 경지도 처음에는 '흉내 내기'에서 비롯된다는 뜻이다. 그러나 어느 경지에 올라섰는데도 '흉내 내기'를 계속한다면 곤란하다. 그대로 남의 것을 따라 하는 흉내에 불과하기 때문이다.

『무문관』 제3칙 '구지수지(俱胝竪指)'에 등장하는 동자승은 스승의 흉내를 아주 잘 냈는가 보다. 스승 구지 화상은 누가 뭘 물어도 손가락을 들어 보일 뿐 말이 없었다. 그래서 그의 이름도 '구지'로 불렀다.

옆에서 이를 지켜보던 동자승 역시 누가 스승님의 가르침이 무엇이냐고 물어 오면 똑같이 손가락을 치켜세웠다. 이 얘기를 전해들은 구지 화상이 어느 날 동자승을 불러 물었다.

"부처가 무엇인고?"

이에 동자승이 스승이 늘 하던 대로 손가락을 들어 보였다. 그 순간 구지 화상이 냅다 칼로 동자승의 손가락을 잘라 버렸다. 그리곤 아파서 도망치는 동자승을 불러 세우곤 또 다시 묻는다.

"부처가 무엇인고?"

동자승은 버릇처럼 손가락을 치켜세우려 했으나 손가락이 없다. 그때, 불현듯 영묘한 깨달음이 열리게 됐다는 일화다.

그렇다면 동자승의 깨달음은 무엇일까?

그물을 벗어난 금빛 물고기

그는 매양 그랬듯이 스승을 흉내 내던 손가락이 없어진 사실을 접하고 홀연히 자신의 세계가 활짝 열리는 것을 깨닫는다. 개안(開眼)이 이루어진 것이다. 스승 구지 화상은 바로 이것을 깨우쳐 주었다. 흉내는 그저 안주(安住)에 그칠 뿐, 뛰어넘는 경지를 터득하지 못한다.

　스승이 가르쳐주는 내용을 달달 외우고 어긋남 없이 실천하는 제자는 모범적이라 할 수 있으나 스승을 뛰어넘지 못한다. 더욱이 스승이 가르쳐주는 것도 자신의 삶이라 할 수 없다. 즉 자신의 세계는 없고 스승이 그어준 세계에 갇혀 살 뿐이다.

　뛰어난 위인들의 삶에는 반전과 역설이 있다. 발명가로 유명한 에디슨이 어릴 적 달걀을 부화하기 위해 자기 몸으로 몇 날 며칠을 품고 있었다는 일화는 그냥 웃어넘길 일이 아니다. 처음엔 어미 닭의 부화를 '흉내' 내는 일이었으나 훗날 엄청난 발명의 세계를 열게 한 시도였다는 점에서 남다른 의미로 다가온다. 에디슨 역시 동자승처럼 부처를 잘못 가르쳐 주고 있는 손가락이 잘리는 아픔을 경험했을 것이다. 품에 안고 있는 것만이 부화 전부가 아니라는 사실을 깨닫게 되었다면 부화를 위한 모든 세계를 아는 길에 접어들었음을 의미한다.

　이는 곧 에디슨이 그만의 깊은 경지를 터득하는 순간이기도 하다. 동자승이 그랬던 것처럼 에디슨도 흉내 내기를 통해 개안의 세계를 무한히 넓혀 나가게 된 것이리라.

우리의 인생도 마찬가지다. 몇 번의 실패가 나를 좌절하거나 비굴하게 해서는 안 된다. 에디슨이 자신의 경험을 통해 '실패는 성공의 어머니'라고 말했던 것처럼 지금의 실패야말로 나에게는 값진 경험이자 교훈이다.

실패는 기본기를 다지는 과정이다. 기초가 튼튼해야 어떠한 비바람에도 무너지지 않는 높은 건물을 지을 수 있다. 흉내를 잘 내야 실패하는 법도 배울 수 있다. 따라서 흉내 내기는 기본기를 다지는 연습이자 연마다.

아리스토텔레스가 '예술은 모방이다'고 말한 이유는 흉내가 곧 탄탄한 기본기로 다져질 수 있기 때문이다.

요즘, 전 세계에서 화제를 모으고 있는 방탄소년단. 그들이 마침내 미국 라스베이거스에서 열린 2018 빌보드 뮤직 어워드에서 미국 인기 가수 저스틴 비버를 제치고 2년 연속 탑소셜아티스트 상을 수상했다.

그들이 세계적인 뮤지션으로 성공할 수 있었던 비결은 어디에 있을까?

다름 아닌 연습, 그리고 또 연습이었다. 연습은 애초 흉내 내기에서 시작한다. 발성과 안무는 처음부터 독창적인 게 아니다. 남들의 것을 그대로 따라 하길 수천수만 번. 처절하리만큼 혹독한 이런 반복적인 연습을 통해 그들만의 음악 세계를 구축한 것이다.

이렇듯 흉내 내기는 기본기를 다지는 과정이자 완성을 위한 첫걸음이다. 그런데도 한국불교는 1천7백 년이 훨씬 넘는 역사를 자랑하면서도 '아류(亞流)'라는 비판을 넘어서지 못하고 있다. 즉설즉답(卽說卽答)으로 변방의 삼류 인생이거나 '짝퉁'에 불과하다는 지적이다. 정통 선불교(禪佛敎)를 내세우고 있으나 대부분이 중국불교를 모방하는 수준이다. 또 회통불교(會通佛敎)라고 하나 정체성을 찾아볼 수 없는 '짬뽕 불교'라는 비난을 면하지 못하고 있다.

그 원인은 하나다. 한국불교만의 독보적이고 독창적인 세계를 갖지 못했기 때문이다. 흉내를 벗어나 자신의 세계를 갖춰야 하는데 여전히 원숭이처럼 흉내 내기에 만족하고 있다.

덕숭총림을 비롯한 8대 총림 방장들의 법어는 여전히 옛 중국 선사들의 법문 흉내 내기와 다를 바 없고 총림들은 저마다 이렇다고 내세울 만한 특색이 없는 게 현실이다. 덕숭산 조계산이라고 하나 이를 상징하는 산풍(山風)이 없다. 한국불교를 이끄는 큰스님들은 활구(活句)보다 사구(死句)에 익숙하고 대학교수들도 이해하기 어려운 난해한 법어를 아무렇지 않게 설파하고 있다. 교화와 포교에 정말로 부합하지 않은 무익한 법어들 일색이다.

반면 이런 풍토 속에서도 과거 성철 스님을 '살아있는 부처'로 추앙한 이유는 어디에 있을까? 성철 스님은 그만의 독특한 지도력으로 한국불교의 격을 높였다. 그가 이따금 속세에 전해오는 법어는 사람들의 심금을 울렸다. 1986년 부처님오신날 법어는 압권이다.

"교도소에서 살아가는 거룩한 부처님들, 오늘은 당신네의 생일이니 축하합니다. 술집에서 웃음 파는 엄숙한 부처님들, 오늘은 당신네의 생일이니 축하합니다. 〈중략〉 넓고 넓은 들판에서 흙을 파는 부처님들, 우렁찬 공장에서 땀 흘리는 부처님들, 자욱한 먼지 속을 오고 가는 부처님들, 고요한 교실에서 공부하는 부처님들, 오늘은 당신네의 생신이니 축하합니다."

농익어 있는 선지(禪旨)와 속인들의 아픔과 슬픔을 달래는 활구로 부처님 오신 참뜻을 살린 이 표현들은 지금도 누가 감히 흉내 낼 수 없는 명법문으로 회자하고 있다.

성철 스님이 입적하신 지 올해로 27년인 한국불교는 현재 위기상황에 직면해 있다. 300만 불자 수 격감이란 통계는 그냥 온 게 아니다. 당·송 시대 중국 선사들의 법문을 21세기 오늘날에도 그대로 인용하고 있는 작금의 상황이 그저 가슴 아플 뿐이다. 흉내 내기에 불과한 죽은 법문을 하고 있는데 누가 귀

그물을 벗어난 금빛 물고기

기울이고 관심이나 가져주겠는가?

동방문화대학원 대학교 차차석 교수의 편저『중국의 불교문화』에 따르면 중국의 수많은 위경(僞經) • 가운데『상법결의경』이 있다. 불교계의 개혁을 주장한 경전이다. 북위 말기부터 북주의 폐불(574~579)에 이르는 6세기 중엽에 저작한 것으로 추정되는 이 경전은 상법시기 불교계에 나타나는 승속의 타락을 신랄하게 비판하는 것이 주 내용이다. 무분별한 조탑(造塔)·조상(造像)·사경(寫經) 등에 대한 반성을 촉구하면서 이타적 대승불교의 실천을 강조한다. 아울러 사회개혁의 완성도 이룰 것을 촉구하고 있다.

또 다른 경전으로『범망경』은 남북조시대 임금의 비법(非法)과 승려들의 비행을 바로 잡으려고 만든 것으로 10중계와 48경계를 주장했다. 따라서 계율을 취급하는 경전으로 분류됐다. 어쨌든 이들 경전은 잘못 가고 있는 중국불교를 바로잡기 위해 만들어졌다. 이것이 중국불교의 독창성을 확보하고 중국불교의 성격으로 연결되고 있다. 물론 중국불교의 위경은 정법불교에 배치한다는 비판을 받고 있다. 하지만 중국불교의 활로를 찾기 위한 자구책으로 독자성을 구축하고 있다는 점에서 의미가 깊다.

• 위경(僞經): 인도 이외의 지역에서 제작된 것으로 부처가 직접 설하지 않은 불교 경전.

한국불교는 무엇보다 정체성을 확보해야 한다. 아류가 아닌 본류로 살기 위해선 흉내 내기에서 시급히 벗어나야 한다. 그래야 원효 성사나 성철 대선사와 같은 빛나는 별들이 줄줄이 배출될 수 있다. 그러려면 손가락 정도가 아니라 온몸을 파괴하는 아픔을 감내해서라도 한국불교를 새로이 열어가야 할 것이다.

03. 이미 넉넉함을 알아야!

조산 화상에게 어느 때 청세라는 스님이 질문을 핑계로 "제가 외롭고 가난하오니 부디 스님께서 저를 구해주소서." 하였다. 조산 화상이 "세사리야!" 하고 부르니 청세가 "네!" 하고 대답했다. 이에 조산 화상이 말했다.

"청원백가의 술 석 잔을 마시고도 아직 입술도 젖지 않았다고 하느냐."

– 『무문관』 제10칙 ●

2012년 파키스탄에서 교복 살 돈이 없어 분신자살한 10대 소년의 안타까운 이야기는 당시 사람들의 심금을 울렸다. 우리

● 曹山和尚因僧問云 淸稅孤貧 乞師賑濟 山云 稅闍梨 稅應諾 山曰 靑原白家酒 三盞喫了 猶道未沾脣

나라도 예외는 아니다. 그로부터 2년 뒤인 2014년 2월 서울 송파구 지하 셋방에서 세 모녀 동반 자살 사건이 일어났다. 생활고를 비관한 세 모녀가 방안에 번개탄을 피워놓고 극단적 선택을 한 것이다. 그들은 세상 사람들에게 '미안하다'라는 유서를 남겼다.

이 사건으로 국민 여론이 들끓었고 이로 인해 '국민기초생활보장법' 및 '긴급복지지원법' 개정안, '사회보장급여의 이용·제공 및 수급권 발굴에 관한 법률' 제정 등 3개 법안이 국회를 통과했다. 일명 '송파 세 모녀법'이다.

자본주의 사회에서 돈은 삶 전부를 지배한다고 해도 지나친 말이 아니다. 돈이 없으면 모든 것이 불편하고 모든 것에서 소외된다. 돈의 있고 없음은 능력이 어느 정도인지 가늠자가 되기도 한다. 실제로 돈이 없으면 대우받지 못하는 것이 현실이다. 자본주의는 금력에 따라 새로운 계급과 신분을 우리 사회에 형성하고 있다. 과거에 명문세가였다 할지라도 현재 사회에서 돈이 없으면 사람 대접받기는커녕 무시당하기 일쑤다.

물론 이번 공안에 등장하는 청세 스님의 고빈(孤貧)은, '외롭고 빈한하다'라는 물질적 해석과는 거리가 있다. 깨달음을 이루기 위한 수행 이력이 낮고 어렵다는 자기 겸손의 표현으로 받아들여진다. 그러므로 깨달음으로 가는 큰 문을 열어 주십사

간청하는 것인데 조산 화상의 응답이 그야말로 멋지다. '청원 백가의 술을 서 되나 먹고도 아직 입술도 젖지 않았다'고 응석을 부리느냐는 말로 상대방의 기분을 살리면서도 청세에게 큰 일깨움을 던져주고 있다.

청원은 중국 땅의 지명인데, 이 지역은 술로 유명했다. 백가는 명품 술을 만드는 양조장으로 중국을 대표하는 브랜드라 할 수 있다. 그러니 이런 술을 먹고도 만족하지 못하는 청세의 욕심 즉, 도력을 시험하는 법거량으로 짐작된다.

자본주의를 적용하는 우리 사회가 비록 금력의 영향을 많이 받는다 하더라도 분명히 알아둬야 할 것이 있다. 세인의 존경심마저 돈으로 살 수는 없다는 사실이다. 마찬가지로 나와 내 가정의 행복을 돈이 보장해 주지는 못한다. 송곳 꽂을 땅 하나 없는 가난한 가장일지언정 마음이 넉넉하고 풍요롭다면 존경의 대상이 될 것이요, 수많은 부동산과 굴지의 회사에 많은 직원을 둔 부자일지언정 마음이 인색하고 옹졸하다면 사람의 마음을 얻기란 쉽지 않다.

부처님은 더 많은 재산을 갖고 싶어 하는 한 장자에게 이렇게 말씀하셨다.

"그대는 이제 마땅히 넉넉함을 알라."

이 말씀은 부처님을 만나기 이전의 장자는 여전히 욕망이 깊은 사람이다. 아무리 채우고 채워도 만족할 줄 모른다. 하지만 부처님을 만나고 난 이후의 장자는 비로소 넉넉함이 무엇인지 깨닫는다. 깊고 넓은 무상의 법문을 접하였고 만나기 어려운 불법을 만난 자체로 행복의 문에 들어섰음을 의미하는 것이다.

가난은 창피한 것이 아니다. 오히려 인색하고 옹졸한 마음의 가난이 염치없는 것이다. 스스로 내가 넉넉하다는 것을 느낄 때 비로소 보물창고가 내 몸에 가득하다는 것을 알 수 있다.

유니세프와 유엔식량농업기구(FAO, Food and Agriculture Organization)가 매년 전하는 보고서에 따르면 여전히 지구촌에서 아이들은 기아로 죽음에 내몰리고 있다. 특히, 아프리카의 경우에는 전인구의 30%가 굶주림에 무방비 상태로 노출된 상황이다.

만성적인 에너지 위기로 인해 곡물 생산량이 최저 생계 선에도 미치지 못하는 국가가 북한을 비롯해 여러 국가에 이른다. 그렇다면 이들을 굶주림과 죽음의 위기에서 건져낼 방법은 무엇인가? 수천만 명이 기아로 사망하고 수억 명이 만성 영양실조에 시달리는 것을 그저 숙명처럼 여겨야만 하는 것인가?

이를 해결하기 위해 2005년 9월, 미국 뉴욕에서 열린 유엔회의에 세계 156개국 국가 정상과 정부 수뇌가 모였던 적이 있다. 이 회의에서 '밀레니엄 목표'가 만들어지고 세계에 선포했다.

그물을 벗어난 금빛 물고기

'밀레니엄 목표'란 21세기 새로이 시작되는 새천년 미래 시대를 맞아 기아와의 전쟁을 오존층 보호보다 더 우선시하는 제일의 목표로 설정하여 굶주려 죽는 사람을 절반 이상 줄이겠다는 계획이었다.

하지만 지금까지도 이 목표는 달성되지 않고 있다. 오히려 현재의 세계 경제 질서로 따지고 봤을 때, 이런 목표에 도달할 수 없다는 것을 확인할 수 있을 뿐이다.

사람들은 누구나 인간다운 삶을 누리기를 원한다. 그러나 가난은 항상 인간다운 삶을 누리는 것을 방해한다. 가난이야말로 가장 큰 장애물이며 자본주의 사회에서 가장 밑바닥 인생을 살아야 하는 최하층 신분계급의 요인으로 작용한다.

여기에서 벗어날 수 있는 길은 물적 투자와 지원이 아니다. 세계 정상들과 지도자들 그리고 내로라하는 경제학자들은 이를 뼈저리게 경험했다. 그들은 이런 과정에서 동양의 한 종교에 주목했다. 바로 불교다. 불교에 주목한 그들이 내린 최종 결론은 이런 것이다.

"인간의 의식변화에 희망이 있다."

가난하더라도 행복하게 살 수 있는 비결은 자기 자신의 의식변화에 있다는 것을 그들은 깨달았다. '의식변화가 희망'이라는 사실은 이를 함축적으로 표현하고 있다.

불교는 소유관념의 탈피를 강조한다. 소유하고자 하는 욕망에서 집착이 생기고 집착은 곧 번뇌이자 고통을 수반한다. 받아서 채우는 것보다 주어서 비우는 마음을 가질 것을 가르친다.

일본의 마스노 순묘 스님은 『비우는 연습』이란 저서에서 "진짜 정리해야 할 건 물건이 아니라 마음이다"라고 했다. 그는 허세와 욕심, 집착으로 뒤엉킨 마음을 정리하면 가장 중요한 일에 몰입하면서 인생을 즐겁게 살 수 있다고 조언한다.

실제로 본래의 마음자리를 불교에선 '보물창고'라 부른다. 본래의 '마음자리'는 어떤 것에도 물들지 않는 순수한 모습이다. 예로부터 텅 비고 밝아서, 부족함이 없으니 다른 무엇을 찾고 구할 것이 없다.

그래서 보물창고다. 이를 간파하는 이에겐 가난이란 없다. 무엇을 구할 욕심도 없고 집착도 없다. 오히려 텅 비어서 얼마든지 채울 수 있다.

돈은 밖에서 거저 주어지는 것이 아니다. 내 마음의 보물창고를 잘 가꾸어 활짝 개방하면 청세 스님의 가난은 본래 만들어질 수가 없다. 그러나 한 가지 분명히 알아야 할 것이 있다. 보물창고는 자신만을 위해 개방해서는 안 된다는 점이다. 나누지 않는 보물창고는 폐허가 될 수 있다.

『잡아함경』에 이런 말씀이 나온다.

"넓은 들판에 호수가 있어 그 물이 맑고 깨끗하여도 그것을 쓰는 사람이 없으면 스스로 말라 없어지나니, 아무리 귀한 재물일지라도 어리석은 사람이 가지고 있으면 자기를 위해서 써보지도 못하고 남을 위해 베풀지도 못하면서 모으고 지키느라 걱정만 하다가 임종과 함께 모두 잃고 마느니라. 지혜로운 사람이 재물을 얻으면 자기를 위해서나 남을 위해 쓸 줄도 알고 베풀 줄도 알아 그 목숨을 마친 뒤에는 천상에 태어나리라."

내 의식의 변화를 다른 이와 함께 공유할 수 있다면 가난과 부의 행복이 다르지 않다. 인류의 행복과 미래는 그러므로 물질에 있지 않다는 것이다.

예로부터 순수하여 텅 비고 밝은 마음자리를 찾아낼 수만 있다면 이보다 더 귀한 보물창고는 없다. 본래무일물(本來無一物)로 태어났지만 이미 우리는 넉넉하다. 따라서 넓은 들판의 호수처럼 다른 이에게 크게 선심 쓰며 살 일이다. 청원 백가의 술잔이 곳곳에 널려 있음을 간파하자.

04. 처음도 좋고 끝도 좋게

목주 화상이 한 스님에게 "지금까지 어느 절에 있었는가?" 하고
묻자 그 스님은 '꽥'하고 일할했다.

목주가 "이 노승이 자네에게 한 방 맞았군!" 하자, 그 스님은 또다
시 '꽥'했다.

"3할 4할 하고 난 이후엔 어쩌하려 하느냐?"

목주가 물으니 스님은 말을 하지 못했다. 이에 목주는 "이 멍청한
놈!"하고 후려쳤다. •

-『벽암록』제10

처음 시작은 화려했으나 갈수록 시들시들해지는 경우를 우

• 擧 睦州問僧, 近離甚處. 僧便喝. 州云, 老僧被汝一喝. 僧又喝. 州云, 三喝四喝後, 作麼生.
僧無語. 州便打云, 這掠虛頭漢.

　　　　　　　　　그물을 벗어난 금빛 물고기

리는 심심치 않게 목격한다. 반면 『구약성서』 「욥기」에 나오는 구절처럼 '시작은 미약했으나 나중에 창대하게 되는' 경우도 적지 않다.

사람들은 대부분 결과를 중시한다.

과정이야 어쨌든 결과만 좋으면 찬사를 보낸다. 물론 과정이 좋지 않으면 좋은 결과를 끌어내기란 쉽지 않다. 그러나 간과해선 안 될 것이 시작이다. 화려하거나 어설픈 시작으론 목적하는 성과를 이루기 어렵다.

노자는 『도덕경』에서 "끝을 처음과 같이 신중하게 한다면 실패하는 일은 없다[愼終如始 則無敗事]"라고 했다. 그만큼 시작은 중요한 의미가 있다.

목주 화상(睦州和尙; 780~877)은 황벽희운(黃檗希運) 선사의 법을 이었으며 임제의현(臨濟義玄)과는 동문이다. 세상의 명리를 싫어하여 평생 은자(隱者)로 살았다. 효심이 남달라 짚신을 삼아 팔아 어머니를 봉양해 '진포혜(陳蒲鞋)'라고도 불렸다.

어느 때, 목주 화상을 찾아온 한 스님이 처음부터 의기양양하게 법거량을 시도한다. 목주 화상의 질문에 '꽉', 할을 토해내는 기상이 갸륵하다. 목주 화상이 '한 방 맞았다'고 실토하자 때를 놓치지 않고 또다시 할을 가한다. 여기에서 잘못됐다.

'할'이 선기(禪機)를 보여주는 데만 있는 것이 아니기 때문이다. '할'에도 기승전결이 있다. 법력이 높은 스님들은 '할'을 통해서 상대방의 처음과 끝을 간파한다. 처음과 끝이 일관하면 한 번만으로도 결론이 나지만 일관성은 차치하고 깊음마저 없으면 그 '할'은 사구(死句)가 되어 도리어 상처를 입는다. 목주 화상을 찾은 스님은 법거량을 하는 데 첫 기백이 좋았으나 '할'을 쓰는 방법을 몰랐다. 목주 화상이 '세 번 네 번 할을 쓴 이후엔 어떻게 할 것이냐?'고 따지자 입을 꾹 다물었다.

또 다른 선지(禪旨)가 있어서가 아니라 실제로 어떻게 해야 할지 몰랐기 때문이다. 이를 놓고 목주 화상은 '약허두한(掠虛頭漢)'이라며 한 대 후려갈겼다. '약(掠)'은 '노략질할 약'이다. 선사들의 대중 제접 방법의 하나인 '할'을 훔쳐다 쓸 줄만 알았지 그게 어떤 때 쓰고 어디에 필요한 처방인지는 까막눈에 불과했다. 기백 좋게 시작한 법거량이 얼마 가지 않아 무식을 드러내고 단지 흉내에 불과했다는 사실을 보여주고 만 꼴이 되었다.

우리가 어떠한 목표를 이루려면 철저한 준비와 단련이 필요하다. 완벽한 준비 단계를 거치지 않고 무엇을 성취하기란 쉽지 않다. 준비는 계획(전략)에 따라서 이루어진다. 비록 초가삼간일지언정 완성체를 이루려면 계획과 설계가 짜여 있어야 한다. 마찬가지로 우리가 설정한 목표를 이루려면 철저한 준비와

그물을 벗어난 금빛 물고기

세밀한 계획에 의해 진행돼야 한다.

준비도 계획도 없이 목표를 달성한다는 것은 불가능하다. 준비와 계획이 완벽한 경우 착수단계에서 결말에 이르기까지 과정이 순탄할 수밖에 없다. 그래야만 처음에도 좋고, 중간에도 좋고, 끝에도 좋은 상황을 만들 수 있다.

시작은 좋은 결과를 만들기 위해 중요한 의미가 있다. 목주화상에게 달려든 스님처럼 기백만 앞세워선 망신당하기 일쑤다. 처음 시작이 신중해야 끝에 가서도 흔들리지 않는다.

세계적인 마케팅 전문가 세스 고딘(Seth Godin)●은 2011년 말 우리나라에서 발간된 그의 저서『시작하는 습관』에서 "시작하지 않으면 아무 일도 일어나지 않는다"는 말로 시작의 중요성을 일깨워주고 있다. 그는 아무리 훌륭한 계획이 세워져 있다 하더라도 이를 실행할 '시작'이 없으면 무용지물에 불과하다고 말한다. 핵심적인 사항은 '하자'라는 것이고, 일이 착수돼야 비로소 사업의 시작이 의미가 있게 되는 것이다.

세스 고딘은 그래서 "시작하고 또 시작하라"고 권고한다. 새로운 일을 시작하거나 기존에 하는 일에 변화를 주기 위해선

● 21세기 가장 영향력 있는 비즈니스 전략가로 꼽힌다. 그가 운영하는 블로그는 현재 전 세계에서 가장 많이 읽히고 링크되는 비즈니스 블로그 중 하나로 인기가 높다.『마흔이 되기 전에』를 포함해 18권의 베스트셀러를 저술했으며 35개 이상의 언어로 번역돼 읽히고 있다.

계속해서 새로운 일을 시도하고, 시작해 보는 것뿐이라는 것이 세스 고딘의 지론이다.

시작은 언제나 두려움을 동반한다.

그 중, 실패에 대한 두려움이 가장 크다. 그러나 시작을 통해 변화와 혁신을 배우게 되고 이로 인해 실패 확률을 줄여나갈 수 있다. 변화와 혁신은 곧 과정의 중요성이다. 일의 중간에는 꾸준한 점검과 성찰이 필요하다. 이를 통해 부족하고 잘못된 부분을 파악하여 이를 채워 나갈 수 있는 변화와 혁신을 기해야 한다. 이렇게 해야 처음에도 좋고, 중간에도 좋고, 끝에도 좋은 일을 도모할 수 있다.

그렇지 않고 오로지 성과에만 집착해 일시적인 처방에 의존하거나 권모술수로 위기를 모면하는데 치중한다면 결과 역시 오래가지 못하고 무너지고 만다. 동기와 과정을 무시하고 성과만 강조하는 사회는 건강한 구조를 가질 수 없다. 도덕과 윤리는 사회를 지탱하는 기본적인 요소다. 이를 간과한 성과주의는 약탈을 정당화하기도 한다. '약허두한'이라도 도덕적 지탄을 받지 않는다는 얘기다.

남들이 차근차근 쌓아 올린 공을 한 번에 채가려는 못된 심보의 사람들이 바로 '약허두한'이다. 이들은 상대가 받게 될 물적, 정신적 상처 따위는 아랑곳하지 않는다. 나의 웃음만을 챙기고

그물을 벗어난 금빛 물고기

즐길 뿐, 다른 이를 향한 배려는 안중에도 없다. 지독한 이기주의의 행태다.

그리고 땀 한 방울 흘리지 않고서 '대박'을 꿈꾸는 이들도 있다. 무사안일로 나날을 지내며 요행을 바라는 이는 도박꾼과 진배없다. 설령 이들이 일확천금을 손에 거머쥐었다 해도 박수를 보내는 이들은 없을 것이다. 오히려 내 자식이 배울까봐 눈을 가린다.

우리가 일을 진행하는 데 있어서 처음과 중간과 끝을 좋게 해야 하는 이유가 여기에 있다. 실력과 성과를 검증받지 못한 어느 누가 단지 윗사람과의 친분 또는 로비를 통해 승진을 거듭한다면 오히려 직장 내 조직에 폐해가 될 뿐이다. 그릇된 친분을 이용하거나 아첨과 아부로 직장에서 승진을 거듭한들, 그는 인간관계에서는 외톨이 신세를 면하기 어렵다. 반대로 늘 준비가 돼 있는 사람은 언제든 그의 실력을 발휘할 기회를 맞게 될 것이고, 성과를 통해 사람들에게 인정받는 존재로 우뚝 설 것이다.

이러한 존재가 되려면 시작을 두려워하지 않아야 한다. 여러 번의 시작을 통해 시행착오도 경험하고 실패도 경험해야만 성공률이 높아진다. 우리 속담에 '베 한 자를 짜나, 열 필을 짜나 베틀은 제대로 차려야 한다'라고 했다. 베틀은 시작과 중간과 끝을 잇는 절대 필요한 수단이다. 입으로만 차린 진수성찬으로 주린 배를 채울 수 없다. 언제나 어디에서든 일을 시작하고 홀륭한 열매를 맺을 수 있는 실력자가 되려면 늘 준비된 사람이어야 한다.

그렇지만 실력으로만 인정받는 존재가 되어서는 안 된다.

인간적으로 존중과 존경을 받기 위하여 남다른 인품과 도덕성을 겸비해야 한다. 자신부터 잘 다스릴 줄 아는 인격을 가진 사람이 실력까지 인정받을 때 진정으로 주위의 박수를 받는다. 이런 사람은 시작과 중간과 끝이 일정하다. 초지일관이란 처음 시작한 뜻을 마지막까지 지킬 때 쓰는 말이다. 중간에 어려움이 있을 때마다 '초심을 지키자'는 다짐도 처음 뜻이 어긋나면 마지막 또한 크게 어긋나기 때문이다.

동기와 결과를 모두 존중하는 삶을 살기를 희망한다.

그물을 벗어난 금빛 물고기

05. 가슴으로 말하기

어느 날, 위산·오봉·운암, 셋이 백장 화상을 모시고 서 있었다.

백장 화상이 위산에게 물었다.

"목과 입을 제거한 채 쓰지 않고 도를 말할 수 있겠느냐?"

위산이 받았다.

"스님께서 먼저 말씀해 주시지요."

그러자 백장 화상이 말했다.

"내가 말하기는 어렵지 않으나 법이 쇠(衰)할까 두렵다."●

- 『벽암록』 제70칙

말은 입으로 나오지만, 입이 말하는 것은 아니다. 입은 단지

● 『벽암록』 제70칙; 擧 潙山五峰雲巖, 同侍立百丈. 百丈問潙山, 倂卻咽喉脣吻, 作麼生道. 潙
山云, 卻請和尙道. 丈云, 我不辭向汝道, 恐已後喪我兒孫.

말을 토해내는 경로(經路)에 불과하다. 진정성이 있는 말이어야 사람들은 그의 말을 신뢰한다. 비슷한 예로 훌륭한 가수들은 배로 노래할 것을 주문한다. 비록 입으로 노래를 부르지만, 배에서 나오는 소리라야 깊은 울림이 있다는 것이다. 노래를 입으로 소화하는 립싱크 가수들은 그래서 외면당한다. 사람들은 저 깊은 울림을 토해내는 뱃속의 노래를 듣고 싶어 하기 때문이다.

상대방의 심금(心琴)을 울리는 말도 마찬가지다. '말치레'는 당장 위로와 칭찬이 될 수는 있어도 영원히 가지는 못한다. 내 가슴을 먼저 울리고 나오는 말이라야 진정성이 있다. 이러한 말이 상대방을 감동하게 하고 나를 신뢰하게 만드는 요소가 된다.

가슴으로 말하는 방법은 다름 아닌 '듣기'에 있다. 상대방의 말을 잘 들어주는 사람이 가슴으로 말할 수 있는 법을 안다. 사람들은 일반적으로 말을 잘하는 사람보다 말을 잘 들어주는 사람을 좋아한다.

왜 그럴까? 정서적인 카타르시스(Catharsis)를 느끼기 때문이다. 누군가 자신의 이야기를 진지하게 들어주면 슬픔이 위로가 되고 분노가 사라진다. 나의 말을 경청해주는 그 누가 있다는 사실 때문에 자기 존재에 대해서도 존중받고 있다는 느낌을 받는다.

그런데 듣기와 관련해 꼭 주의해야 할 대목이 있다.

가슴이 아닌 입으로 하는 말 가운데 나에게 듣기 좋은 말은 반드시 경계해야 한다는 것이다. 『채근담(菜根譚)』에도 나오는 말이지만 자신의 귀에 거슬리는 말을 듣고, 마음에 항상 거슬리는 일이 있으면 사람마다 자신의 행동을 조심하게 되므로 사람의 가치를 높여주는 구실을 한다.

그러나 만일 들리는 말마다 항상 자신을 기쁘게 하고, 하는 일마다 마음을 상쾌하게 해준다면 이것은 자기도 모르는 사이에 나를 해롭게 만든다. 이러한 이해를 돕는 우화(寓話)가 있다.

어느 날 여우가 길을 가다가 까마귀가 고깃덩이를 입에 물고 날아가는 것을 발견했다. 잔꾀의 대가 여우는 까마귀가 물고 있는 고깃덩이가 탐났다. 여우는 재빨리 까마귀가 있는 길옆 나무로 가까이 다가가 말했다.

"까마귀 님의 그 까만 외투는 정말 아름다워요."

여우는 아첨을 늘어놓기 시작했다.

"까마귀 님의 까만 외투도 아름답지만, 노랫소리는 더욱 아름다워요. 난 언제나 까마귀 님의 노랫소리를 들으면 마음이 몹시 즐거워진답니다."

까마귀는 계속 치근대는 여우가 밉기도 했지만, 노래를 잘한다는 칭찬에 잠시 우쭐함이 앞섰다. 노래를 들려달라는 여우의 재촉에 우쭐해진 까마귀는 입을 크게 벌려 노래를 시작했다. 그 순간 입에 물려있던 고깃덩어리가 땅으로 떨어졌다. 여우는 고깃덩어리를 주워 물고는 곧장 쏜살같이 달아났다.

말 한마디에 금방 히죽 웃고 화내고 우쭐댄다면 까마귀와 다를 바 없다.

현명한 사람들은 그래서 입으로 대화하지 않는다. 따뜻한 가슴으로 교유(交遊)하고 대화한다. 가슴으로 나누는 대화는 이간질이나 아첨이나 유혹 따위가 통하지 않는다. 말하지 않아도 이미 상대가 무엇을 말하고 있는지 알게 되는 경지에 이른다.

부처님과 아난존자의 관계가 이른바 이심전심(以心傳心)의 이러한 경지다.

사랑으로 사는 부부는 그래서 입이 아니라 가슴으로 대화를 나눈다. 눈빛만 봐도 상대의 진의(眞意)가 어디에 있는지 진정한 우정은 알고 있다. 그래서 이들에게 말꼬리 잡기란 없다. 가슴으로 말하는 법, 그리하여 사람을 얻고 세상과 소통하는 방법을 진정성에서 찾고 있다.

백장회해(百丈懷海; 720~814) 선사는 마조도일(馬祖道一; 709~788)의 으뜸가는 제자 중에서도 으뜸으로 꼽는 제자였다. 선사의 성은 왕 씨(王氏)며, 15세에 출가하여 삼장(三藏)을 두루 익혀 통달하였다고 전해진다.

중국 선종사에서 백장 선사가 특별한 인물로 기록되는 이유는 선종사원의 독립과 선원청규(禪院淸規)의 제정에 있다.

이전에는 선승이 따로 절을 갖지 않고 율종(律宗) 절에 의지하여 별실(別室)을 세우고 거처해 왔었다. 백장 선사는 이로부터 선찰을 독립시켜 새로이 제정한 선원청규에 따라 선림(禪林)을 운영했으니 그의 명성이 더욱 드높았다. 중국에서 선종의 기틀을 확립한 시기를 백장 선사에 두는 것에 누구도 이의를 달지 않는다.

이 공안에 등장하고 있는 위산영우(潙山灵祐: 771~863)는 백장 선사의 제자다. 중국선을 육조혜능이 창출하였다고 한다면 이를 완성한 사람이 백장이고 또 이를 최초로 실천한 사람이 위산과 위산의 제자 앙산혜적(仰山慧寂: 803~887)이라 할 수 있다. 오가칠종(五家七宗)의 하나인 위앙종(潙仰宗)은 위산과 앙산의 앞 자를 각각 따서 지은 이름이다. 즉 위산과 앙산이 위앙종의 개산조(開山祖)인 것이다.

백장 선사는 대중을 제접(提接)할 때 항상 간곡함이 배어 있었다. 때로는 그래서 친절했으며 때로는 근엄했다. 이러한 선사의 태도는 제자들에게 진정성으로 다가섰다.

위산이 오도(悟道)하는 장면을 살펴보면 선사의 가르침이 얼마나 간곡하고 진정성이 있었는지를 느끼게 한다. 어느 날 백장이 위산에게 화로(火爐)에 불씨가 남아있는지 확인하도록 했다. 위산은 화로를 열심히 헤쳐 본 후 '불씨가 없다.'고 말했다. 백장이 직접 화로를 뒤적거려 재 깊숙이에서 희미하나마 살아있는 불씨를 발견했다.

"이게 불씨가 아니고 무엇인고?"

백장이 크게 호통을 치자 위산이 순간 크게 깨우쳤다. 위산이 깨친 소견을 낱낱이 백장에게 아뢰자 백장이 엄숙하게 일렀다.

"너의 소견은 잠시의 기로일 뿐, 경에 이르기를 '불성을 보려하거든 마땅히 시절 인연을 관하라.'라고 했다. 시절이 이르면 미혹했던 이가 문득 깨달은 것과 같고, 한번 잊은 것을 영영 기억함이 없는 것과 같으니라. 그러나 이는 원래 자기 물건이지 다른 이에게서 얻는 것이 아님을 알게 될 것이니라. 그러므로 조사께서 이르시기를 '깨달음은 깨닫지 못함과 같나니 본래 마음도 없고 법도 없음이라.' 하셨다. 이렇듯 허망한 범성(凡聖) 등의 마음이 없는 본래심법(本來心法)이 원래 스스로 갖추어 구족해 있는 것이니, 이제 네가 그러한 터이니 스스로 잘 호지(護持) 해라."

백장은 제자 위산의 깨침을 이렇게 인가함과 아울러 더 큰 깨침으로 나아갈 수 있도록 격려했다. 그리곤 훗날 명산으로 일

그물을 벗어난 금빛 물고기

컬어지던 대위산(大潙山)에 산문을 열도록 위산을 추천했다. 위산은 얼마 가지 않아 명성을 듣고 찾아온 납자들로 대총림을 이루었다.

이번에 소개한 공안은 이러한 두 선사의 문답이다. 백장이 "목과 입을 쓰지 않고 도를 말할 수 있느냐?"고 묻는 데 대해 위산이 거꾸로 스승이 답해보라고 말한다. 이에 백장이 "내가 말하는 것은 어렵지 않으나 법이 쇠할까 두렵다."고 응대한다.

원문에 따르면 '공이후상아아손(恐已後喪我兒孫)'으로 '나의 법손을 잃을까 두렵다.'는 것이다. 즉 법이 쇠한다, 또는 단절된다는 의미로 해석할 수 있다. 그렇다면 백장의 말은 무엇을 의미하고 있는 것일까?

앞서 위산의 깨침에 대응했던 것처럼 백장은 입으로 도를 말하는 것을 경계하고 있다. 목과 입이 없이 도를 말할 수 있는 경지는 언어도단(言語道斷) 불립문자(不立文字)의 경지다. 이것이 선의 경지다. 선의 경지는 구경(究竟)마저 뛰어넘는다.

백장은 따라서 입과 목으로 말하는 언어 대신에 실참실수(實參實修)의 경지에서 진리를 습득하도록 가르침을 주고 있다. 그래야 그릇되지 않고 오롯이 진리를 전수할 수 있다. 세속사회도 마찬가지다. 입으로만 내뱉는 말은 진정성을 갖지 못한다. 다시 말하지만 현명한 사람들은 입으로 대화하지 않는다. 가슴으로 교유하고 가슴으로 소통한다.

우리는 말의 홍수 속에 살고 있다. 그러나 가슴을 움직이는 말을 접하기가 쉽지 않다. 그러므로 입으로 말하기보다 가슴으로 우러나오는 진실한 말이 더욱 요구되는 것이다. 사람들에게 하나의 입과 두 개의 귀가 달린 것은 말하기보다 듣는 것을 중시하라는 뜻이 있다고 한다. 이는 진정성과 연관된다. 진정성이 있는 대화는 사람들의 마음을 움직인다.

물론 말 잘하는 사람을 부러워하는 경우도 많다. 멋진 말솜씨로 대중을 압도하고 상대방을 설득한다. 그러나 유창한 말이 신뢰와 연결되진 않는다. 말은 비록 어눌할지라도 그의 말과 태도에서 진정성이 느껴지면 신뢰가 가기 마련이다. 우리가 가슴으로 대화해야 하는 이유다.

2. 그물을 벗어난 금빛 물고기

01. 성철 스님 열반 27주년을 맞이하는 소회

자기를 바로 봅시다.

자기는 원래 구원되어 있습니다. 자기가 본래 부처입니다.

자기는 항상 행복과 영광에 넘쳐 있습니다.

극락과 천당은 꿈속의 잠꼬대입니다. (중략)

자기를 바로 봅시다.

모든 진리는 자기 속에 구비되어 있습니다.

만약 자기 밖에서 진리를 구하면,

이는 바다 밖에서 물을 구함과 같습니다.

자기를 바로 봅시다.

자기는 영원하므로 종말이 없습니다. 자기를 모르는 사람은

세상의 종말을 걱정하며 두려워하여 헤매고 있습니다. (중략)

자기를 바로 봅시다.

아무리 헐벗고 굶주린 상태라도 그것은 겉보기일 뿐,

본모습은 거룩하고 숭고합니다.

겉모습만 보고 불쌍히 여기면, 이는 상대를 크게 모욕하는 것입니다.

모든 상대를 존경하며 받들어 모셔야 합니다. (중략)

자기를 바로 봅시다.

부처님은 이 세상을 구원하러 오신 것이 아니요,

이 세상이 본래 구원되어 있음을 가르쳐 주려고 오셨습니다.

이렇듯 크나큰 진리 속에서 살고 있는 우리는 참으로 행복합니다.

다 함께 길이길이 축복합시다.

자기를 바로 봅시다. ●

-이 글은 성철 스님 열반 27주년을 맞이하는 소회이다.

한국불교 현대사에서 성철 스님은 '살아있는 부처'로 불렸다.
그의 수행 이력과 해박한 경전 해석은 선(禪)과 교(敎)에 두루
통달한 경지를 보여주는 것이었고, 걸림 없이 자유로운 산사

● 성철 종정 초파일 법어, 1982년 음력 4월 초파일.

그물을 벗어난 금빛 물고기

생활의 모습은 '생불(生佛)'로 비친 게 당연한 일이었다.

성철 스님은 1980년 10·27 법난(法難)으로 만신창이가 된 한국불교의 상황에서 종정(宗正) 직을 수락했다. 위기의 한국불교가 새 활로를 찾기 위해선 성철 스님이 종정을 맡아야 한다는 여론이 비등했고 스님도 끝까지 거절만 할 수는 없었다고 한다. 이듬해 1981년 1월, 6대 종정에 취임한 스님은 그러나 종단 일에는 전혀 간여하지 않았다. 다만 종정으로서 해마다 신년법어와 봉축 법어를 발표했을 뿐이다.

스님의 법어는 세간에 나올 때마다 국민에게 폭발적인 관심을 끌었다. 언론에선 국민의 관심이 높은 것을 인지하고 스님의 법어를 앞다투어 보도했다.

법어는 말 그대로 법어다. 딱딱한 경전 말씀이고 때로는 난해하기 이를 데 없다. 그런데 성철 스님의 법어는 사람들에게 널리 읽히고 인기를 끈다. 이유는 무엇일까?

1993년 음력으로 9월 20일, 스님께서는 세연(世緣)을 접고 본지환처(本地還處) 하셨다. 올해로 열반 27주년째. 필자는 스님의 열반 27주년을 맞아 위 법어를 토대로 스님이 평소 무엇을 우리에게 일러주려 하셨는지 살펴보려 한다.

스님은 기존 관념과 인식을 탈피하는 파격(破格)을 보여주셨다.

역대 종정과 방장 스님은 대부분 어려운 한문으로 이뤄진 법어를 발표했지만, 스님은 한글로 쉽게 법어를 내려 보냈다. 비록 한글이지만 한문의 깊이를 더하고 그 울림의 파장이 더 컸다.

한글 법어는 곁에서 모시고 있던 상좌 원택(圓澤) 스님이 권유했는데 스님께서 기꺼이 수용해 이뤄졌다고 한다. 파격은 여기에서 비롯된다. 한문 위주의 법문이 주로 권위적인 데 비해 스님의 법어는 '앞집의 북동아, 뒷집의 수남아 새해를 노래하세'(1983년 신년법어)처럼 평범하기 짝이 없다. 오히려 더 친근하고 메시지 전달이 확실하다. 표현의 파격은 다른 법어에서도 줄곧 등장하면서 사람들의 뇌리에 오래도록 저장케 하는 효과를 불렀다.

둘째는 정법(正法)의 강조다.

위 법어는 정법에 기초한 불교사상을 대중들에게 설시(說示)하는 내용이라 할 수 있다. 부처를 신격화하거나 사후세계를 거론하며 예수재(豫修齋)에 몰두하는 등 한국불교의 타락과 세속화가 한창 진행되던 때가 이즈음이다.

스님은 이의 잘못됨을 파악하고 바로 잡으려 한 것이 분명하다. '자기가 바로 부처'란 해탈의 길을 제시한 정법으로 나아가라는 준엄한 가르침이다. 또 '극락과 천당은 꿈속의 잠꼬대'라 함은 사후세계가 있느냐 없느냐 하는 질문에 대해 '답변 불가'로 응대한 부처님의 '무기(無記)'에 해당하는 것이라 할 수 있다.

그물을 벗어난 금빛 물고기

즉, 현학적이고 형이상학적인 소모적 사상에 빠지지 말라는 경고다. 중요한 것은 지금 이 순간 수행과 실천이다. 수행과 실천은 기도를 우선하는 이웃 종교와 분명히 대비된다. 정법을 강조한 스님의 지론은 상좌 천제 스님의 증언에서도 확인할 수 있다.

"큰스님께서는 시대를 앞서가는 선견지명(先見之明)을 가지고 계셨습니다. 한국불교가 일제강점기를 지나오며 너무 세속화, 미신화되고 뒤떨어졌다는 것에 대해 대단한 충격을 받은 분이 바로 큰스님입니다. 그래서 당신이 직접 새로운 지식에 대해 관심을 두고 온갖 자료를 수집하셨습니다."•

스님은 경전을 두루 섭렵하면서 정법을 펼쳐야 한다는 신념을 지니고 계셨던 것으로 분석된다.

'부처님은 이 세상을 구원하러 오신 것이 아니요, 이 세상이 본래 구원되어 있음을 가르쳐 주려고 오셨습니다.'란 구절도 정법으로 나아가야 한다는 스님의 확고한 신념에서 나온 표현이다.

만일 부처님이 세상을 구원하러 오신 분이라면 신(神)일 뿐이다. 그렇다면 부처님은 기도와 기복(祈福)의 대상이다. 그 때문에 스님은 부처님이 사바세계에 나투신 것은 '이 세상이 본

• 『성철 큰스님을 그리다』, 유철주 지음, 장경각, 2018, p27.

래 구원되어 있음을 가르쳐 주려고 오셨다.'고 한 것이다. 구원
되어 있음을 알려면 부처님 가르침을 따라야 한다. 정법으로
나아가는 길이다.

셋째로 성철 스님의 법어는 역설(逆說)의 미학(美學)을 수반
하고 있다.

기존인식과 관념을 뒤집는 메시지가 일품인 스님의 법어는
그래서 진한 울림으로 다가온다. '자기는 원래 구원되어 있다.',
'겉모습만 보고 불쌍히 여기면, 이는 상대를 크게 모욕하는 것
이다.' 등의 표현은 일반적 상식을 뛰어넘는 것으로 다시 한 번
자신을 되돌아보게 하는 효과를 낳는다.

역설적 표현은 스님의 법어 곳곳에서 나타나고 있다.

"펄펄 끓는 용광로에 차디찬 맑은 물이 넘쳐흘러, … 장엄한
법당에는 아멘 소리 진동하고 화려한 교회에는 염불 소리 요란
하니"•

"청각장애인이 우렛소리를 듣고, 시각장애인이 구름 속 번갯
불을 보고, 앉은뱅이가 일어나 너울너울 춤을 춥니다."•

"교도소에서 살아가는 거룩한 부처님들, 오늘은 당신네의 생
신이니 축하합니다. 술집에서 웃음 파는 엄숙한 부처님들, 오

• 1986년 1월 1일 신년법어.
• 1993년 1월 1일 신년법어.

그물을 벗어난 금빛 물고기

늘은 당신네의 생신이니 축하합니다.…"•

역설은 겉으로 보기엔 모순된 듯 보이나 깊이 들여다보면 사실을 담고 있는 표현법이다. 특히 통념을 뒤집는 모순을 통해 상대방의 인식에 충격을 줌으로써 심오한 깨달음이나 상식을 초월한 진리를 나타내는 효과를 지니고 있다. 예로부터 선사들이 선시를 통해 자주 쓰는 문학적 기교이기도 하다. 성철 스님의 법어는 통념과 상식을 뒤집는 역설을 통해 정법을 추구하고 또 다른 한편으로 숨어있는 진리를 확연히 드러내는 효과를 나타내고 있다.

그러나 한국불교는 지금 여전히 기복과 사법(邪法)을 벗지 못하고 있는 게 현실이다. 우리 사회 역시 신분적 불평등은 물론 사회적 약자에 대한 차별이 엄연히 존재하고 있다. '모든 상대를 존경하며 받들어 모셔야 한다.'는 스님의 법어가 무색하리만치 서로에 대한 신뢰와 배려가 너무 부족하다.

불교는 과거 재래 인도사회에서 낡은 관념의 탈피를 주장하며 출현했다.

불교 안에선 신분을 떠나 누구나 평등한 대접을 받았다. 불교가 폭발적 성장을 보인 이유는 여기에 있었다. 그런데 지금 한국불교는 불교 태생 이전의 낡은 관념으로 돌아가고 있는 모습

• 1986년 음 4월 8일 봉축 법어.

이다. 스님들은 제사장 역할에 빠져있고 불교는 신본사상(神本思想)과 별다른 차이 없는 기복의 타성에 젖어 있다.

만일 성철 스님이 다시 우리 곁에 돌아와 이 모습을 보신다면 뭐라 하실까? 스님의 법어는 팔만대장경을 압축한 '진액'이다. 각종 폐해와 병리 현상으로 고통 받는 한국불교와 우리 사회가 반드시 복용해야 할 '약'이다. 다시금 스님의 법어가 사회의 경종이 되어 우리를 올바르게 이끌어주길 기대한다.

02. 배포 있게 앞장서 나아가라

설봉 화상이 대중에게 수시(垂示)하기를 "이 우주는 손가락으로 집어보니 좁쌀 크기 밖에 안 된다. 그것이 우리 눈앞에 던져져 있는데 보통 사람들은 깜깜무소식으로 알지 못한다."하곤 북을 치면서 모두 나서서 찾아보도록 했다.●

– 『벽암록』제5칙

옹졸해서 일을 그르치는 게 사람의 일이다. 설봉 화상이 수시하는 내용은 출가 대장부답게 배포를 갖고 정진에 정진을 거듭하라고 주문하는 것이다. 우주가 어디 좁쌀만 하겠는가. 오히려 한없이 크고 넓어 그 끝을 알 수 없는 게 우주다. 하지만 한없이 크고 넓은 우주라고 해도 깨달은 이에겐 아주 작은 존재

● 擧, 雪峰示衆云, 盡大地撮來, 如栗米粒大, 抛向面前, 漆桶不會, 打鼓普請看.

에 지나지 않는다.

설봉의존(雪峰義存; 822~903) 화상은 중국역사의 격변기를 살았던 인물이다. 삼무일종(三武一宗)의 법란(法亂)이라 불리는 무종 회창의 불법사태가 있었을 때, 승복을 벗고 환속하는 출가자들이 속출하였으나 화상은 어떠한 탄압과 배척에도 굴하지 않고 불조의 혜명을 전하기 위해 산문을 열고 정진했다. 법란 시대에 배포가 없었으면 할 수 없는 일이었다.

'배포가 크다'라고 했을 때, 그 사전적 의미는 담력과 도량이 크다는 뜻이다. 담력은 또 겁이 없고 용감한 기운을 말한다. 옛말에 '간 떨어지겠다.'라거나 '간이 콩알만 해졌다.' 또 '쓸개 빠졌다', '담력이 크다, 작다.' 등은 오장육부의 기능 중 '간과 담'을 빗대어 마음의 상태를 은유적으로 나타내는 말이다.

간과 담은 서로 음과 양의 관계를 맺고 있는 것으로 기치유학(氣治癒學)에서는 결단력과 줏대 그리고 용기를 나타냈다. 생리학적으로 담낭이 허약하면 얼굴이 창백하고 몸은 무기력해진다. 다시 말해 의욕이 저하되고 어깨는 늘 처져 있으며 움직이기 싫어하므로 이런 사람과는 어떤 일도 함께 도모하지 않는다.

출가 수행자는 이런 모습을 특별히 경계해야 한다. 몸이 허약한 사람은 사시사철 기진맥진한 모습으로 산다. 특히 겨울과 여름철을 맞아 공동 수행이 이루어지는 안거 기간에 건강을 지

그물을 벗어난 금빛 물고기

키지 못하면 공부를 제대로 해내기란 어렵다. 무엇보다 수행에 뒤처지는 모습을 보임으로 다른 수행자에게도 좋지 않은 영향을 미친다. 그래서 선객(禪客)을 지도하는 큰스님은 사시사철 출가 수행자의 눈이 살아있도록 항상 경책(警策) 한다.

설봉 화상이 이 내용을 수시(垂示)하던 때가 한창 무더운 날씨가 기승을 부리고 있지 않았을까 짐작한다. 모두 더운 날씨 탓에 맥이 탁 풀려 수행 분위기가 허술해지자 용기를 북돋우고 정진 분위기를 다잡고자 이 공안을 제시했으리란 추측이다.

전쟁터도 아닌데 설봉 화상은 '북을 둥둥 울리며 찾으라.'고 목소리를 높인다. 왜 설봉 화상은 '북을 치며'라고 강조했을까? 전쟁 상황에서 북소리는 병사들의 사기를 북돋우는 역할을 한다. 설봉 화상은 느슨해진 수행 분위기를 다잡기 위해 이런 표현을 쓴 것은 아니었을까? 즉 자신의 침체해 있는 분위기를 일신하고 배포 있게 앞장서 나아가라는 의미였으리라. 배포는 장애를 수습해 나갈 수 있는 자신 있는 심리상태를 반영한다. 배포 없이 위대한 도전은 이루어지지 않는 법이다.

배포는 흔히 말하는 배짱과 다르다. 배짱이 무모하고 계획 없는 도전으로 일관했을 때 '배 째라.' 식의 만용과 포기를 의미한다면 배포는 다시 일어설 수 있다는 신념과 목적을 이루기 위한 치밀한 계획에 따라 흐트러지기 쉬운 방심(放心)을 단단히 다잡아주는 역할을 한다. 선택의 순간에서는 결단할 수 있는 줏대가 필요하고 주변의 억압과 강제가 개입됐을 땐 이를 물리칠 용기가 샘솟는 것이 배포다.

한때 우리나라 서점가에 돌풍을 일으켰던 『일본전산 이야기』*라는 책이 있다. 이 책은 직원 13만 명에 연 매출 8조 원을 기록하며 전 세계의 이목을 집중시켰던 주식회사 일본 전산이란 회사를 소개하고 있다.

그중에서도 나가모리 시게노부 사장의 경영철학과 인재관(人材觀)은 많은 독자를 매료시켰다. 나가모리 사장은 밥을 빨리 먹고 목소리 큰 사람을 우선 채용했다고 한다. 명문대학 출신도 소용없고 대학 성적 따위는 중요하게 여기지 않았다. 밥 빨리 먹고 목소리 큰 사람이 나가모리 사장에게는 매우 중요한 인재로 여겨졌다.

나가모리 사장은 왜 이런 사람을 뽑았을까? 한 마디로 빠르기(Speed)와 배포를 높이 산 것이다. 현대 사회에서 앞에 서 나갈 수 있는 속도전과 어떠한 위기상황에서도 주눅 들지 않는

• 저자는 김성호 변화 코칭 전문가. 불황이 무색할 정도로 무한성장하고 있는 '일본전산'의 성공 이야기를 다룬 책으로 2009년 쌤앤파커스에서 출간됐다. 일본 전산은 1973년 세 평짜리 시골 창고에서 단 네 명이 시작한 기업이다. 하지만 불과 30년 만에 계열사 140개, 직원 13만 명을 거느린 일본 최고의 대기업으로 성장하였다. 당시 매출이 연 8조 원을 기록했다.

그물을 벗어난 금빛 물고기

배포를 최고의 필요 가치로 받아들인 나가모리 사장은 이러한 인재 등용으로 3평짜리 창고에서 시작한 회사를 일본 최고의 대기업으로 성장시켰다.

그는 밥 빨리 먹고 목소리 큰 사람들이 속도전과 배포에서 최고의 장점을 발휘할 수 있다고 본 것이다. 그러나 여기에서 우리가 간과해선 안 될 것이 있다. 밥 빨리 먹고 목소리 큰 사람들이 무조건 속도전에서 유리하고 배포가 다 큰 것은 아니기 때문이다.

그렇다면 실제로 우리가 정말 몸에 익혀야 할 힘은 무엇일까? 더욱이 요즘처럼 국제화가 빠르게 진행되면서 우리가 필수적으로 갖춰야 할 요소는 어떤 것이 있을까? 세계는 공통으로 글로벌 인재의 육성을 추구하고 있다. 세계를 무대로 활약할 수 있는 인재들이 무수히 배출돼야 한다는 점에서는 누구나 공감한다.

그러나 글로벌 인재가 되려면 무엇이 필요하냐는 의문에서는 제각각 답이 엇갈린다. 대부분 사람은 어학 실력이 우선돼야 한다고 강조하지만, 그것이 가장 필요한 힘은 아니다. 어학 실력만으로는 다양하게 변화하는 지구촌의 환경에 대응할 수 없다.

예나 지금이나 가장 중요한 건 배포다. 어떠한 환경에서라도 주눅 들지 않고 대처해 나갈 수 있는 인식을 단련해야만 원하는 것을 취할 수 있다.

아메리카 대륙을 발견한 크리스토퍼 콜럼버스(Christopher Columbus, 1451~1506)는 원래 인도를 찾기 위해 항해를 시작했다. 그가 대서양을 가로지르며 항해에 나설 수 있었던 것은 배포였다. 뱃길 낭떠러지에서 죽을 수 있다는 두려움을 안고 있었다면 그는 그 먼 항해를 그만두었을지 모른다. 하지만 황금과 향신료를 찾아 반드시 인도로 들어가야겠다는 그의 배포와 신념이 아메리카 대륙을 발견하게 된 것이다.

'자아(自我)'를 찾는 과정은 배포를 기르는 힘과 직결돼 있다. '나는 누구인가?'라는 화두 하나만으로도 우주에 닿는 힘을 기를 수 있다는 얘기다.

설봉 화상이 수시한 법어에 이 오묘한 뜻이 들어 있다. 내가 누구인지 알게 되면 우주의 조화(造化) 역시 어떻게 이루어지는지 알게 된다. 따라서 설봉 화상은 정진에 정진을 거듭할 것을 수행자들에게 권면(勸勉)하고 있다.

심약(心弱)하고 소심(小心)한 사람은 큰일을 이루기 어렵다. 싯다르타 태자는 왕궁에서 탈출한 첫날 칠흑같이 어두운 숲으로 들어갔다. 독충과 맹수가 있을 어둠의 숲에서 사색의 밤을 지새웠다. 궁궐의 휘황찬란한 빛의 세계에서 목숨을 위협하는

그물을 벗어난 금빛 물고기

캄캄한 어둠의 세계로 들어갈 수 있었던 것은 보통 배포로선 불가능하다.

이러한 배포가 있었기에 싯다르타는 마침내 무상정등각(無上正等覺)을 성취했다. 그리하여 여래(如來)의 지위에 선 부처님은 제자들에게도 두려움이 없는 삶을 강조하셨다. 두려움이 없는 삶이란 주저하거나 낙오하지 않는 삶을 말한다. 두려움이 없으므로 후퇴하는 일 또한 없다. 불퇴전(不退轉)의 삶인 것이다.

국제화 시대 글로벌 인재는 이렇듯 배포 있는 삶을 살아야 한다. 먼저 뚜벅뚜벅 앞장서 걸으면 많은 이들이 그의 뒤를 따라 우르르 몰릴 것이다.

법란 시대에도 불구하고 설봉 화상의 산문(山門)에 언제나 1천 5백여 명 이상이 운집했듯이 사람들은 두려움 없는 인물을 좇는다. 북을 두들겨 진군하자. 배포 큰 삶으로 나아가자. 부처님은 우리에게 두려움 없는 삶을 살라고 가르치셨다.

03. 혀로 말하지 말라

송원 화상이 말하기를 "큰 역량이 있는 사람이 어째서 다리를 들고 일어나지 못하는고?" 또 말하기를 "입을 여는 것이 혀에 있지 않으니라." 하였다.●

- 『무문관』 제20칙

송원숭악(松源崇岳; 1132~1202) 화상은 밀암함걸(密庵鹹傑; 1118~1186) 선사의 법을 이었으며 항주 영은사에서 주석했다. 송원 화상은 선가에 유명한 삼전어(三轉語)를 남겨놓고 있다.

'삼전어'란 '미혹한 마음을 확 바꿔 깨달음으로 이끄는 세 마디 말'이란 뜻이다. 먼저 삼전어로 대중들의 미혹한 마음을 타파하도록 법문을 남긴 이는 조주종심(趙州從諗; 778~897) 선사다.

● 松源和尙云 大力量人 因甚擡脚不起 又云 開口不在舌頭上 - 『무문관』 제20칙

그물을 벗어난 금빛 물고기

조주 선사는 "쇠부처[金佛]는 용광로를 거치면 녹아버리고, 나무부처[木佛]는 불에 타 버리며, 진흙부처[泥佛]는 물에 녹아 풀어진다."면서 "참된 부처[眞佛]는 마음속에 있다."고 갈파했다.

송원 화상의 삼전어는 첫째, '대장부가 왜 다리를 들고 일어나지 못하는가?'이다. 둘째는 '입을 열어 말하는 것이 왜 혀에 있지 아니한가?'이며 셋째는 '큰 선지식이 왜 발에 매인 붉은 실을 끊지 못하는가?'이다.

이 가운데『무문관』제20칙에서는 일전어와 이전어가 소개되고 있지만 삼전어는 빠져있다. 송원 화상은 마지막 삼전어를 입적하기 전 대중에게 수시하였으나 만족한 답을 얻지 못했다. 그러자 송원 화상은 탄식하여 말하길 30년 후를 기다릴 수밖에 없다며 의발을 전하지 않고 입적하였다.

유언대로 스님의 입적 후 30년이 되어 '석계'라는 스님이 나타났다. 그는 송원 화상이 주지를 했던 영은사의 주지가 되어 이 삼전어에 대한 답으로 '대유령두 황매초반 쟁지부족 양지유여'(大庾嶺頭 黃梅初半 爭之不足 讓之有餘)라는 게를 읊는다.

이 말은 5조 홍인 대사가 6조 혜능에게 남몰래 의발(衣鉢)을 전해주곤 밤중에 강을 건너게 하자 혜명상좌(慧明上座)가 그를 추격하여 의발을 뺏으려 한 데서 나온 말이다. 의발은 단지 물질에 불과하다. 홍인 대사가 혜능에게 건네준 의발을 설령 혜명상좌가 빼앗은들 심법(心法)마저 빼앗을 수는 없다. 석계는 이 의미를 알아챘다. 즉, '선지식이 왜 발에 매인 붉은 실을 끊지 못하는가?'에 대한 의문을 해소했다는 것이다.

나무는 불에 타고 진흙은 물에 풀어지는 게 당연한 이치다. 그것이 부처의 형상을 하고 있다고 해도 달라지는 건 없다. 마찬가지로 실은 실일 뿐이다. 어린아이도 대번에 끊거나 풀어버린 채 일어나 달릴 수 있다. 그것이 흰 실이든 파란 실이든 붉은 실이든 중요한 게 아니다. 그러나 이 같은 아주 단순하고 쉬운 문제도 분별심에 얽매이거나 형상에 집착하게 되면 그에 구속된다. 스스로 결박돼 절망의 낭떠러지로 추락한다.

여기에서 우리가 분명 알아야 할 것이 말장난에 현혹돼선 안된다는 점이다. 말은 혀에서 나오지만, 그 뜻은 혀에 있지 않다. 송원 화상의 이전어 '입을 여는 것이 혀에 있지 않다.'는 뜻이기도 하다.

인간의 혀는 '맛'과 '말'을 담당하고 있다. 음식을 먹을 땐 맛을 느끼게 하고 의사(意思)를 소통할 땐 말의 기능을 맡는다. 따라서 짜고 맵고 뜨거운 것에 대한 호불호(好不好)를 혀가 대신하여 가려준다.

말도 마찬가지다. 화려한 수식어로 능변(能辯)을 자랑하는 혀가 있는가 하면 거친 말과 욕설로 눈살을 찌푸리게 하는 혀도 있다. 아첨에 뛰어난 특기를 가진 혀가 있는가 하면 이간질에 능하고 두말하기를 아무렇지도 않게 해내는 혀가 있다. 반대로 사실이 아니면 절대로 말하지 않고 설령 상대방이 상처를 입는다 해도 쓴 충고를 마다치 않는 혀가 있다.

분명한 것은 어떤 말이든 한 번 입 밖에 나오면 다시 주워 담지 못한다는 점이다. 그 때문에 성인일수록 또는 사회의 지도층일수록 말에 대한 책임감이 강조된다. 사람은 누구나 혀에 '도끼'를 품고 태어난다고 한다. 그만큼 우리의 혀 속엔 사람을 상처 내고 인격을 살해하는 살상의 무기가 숨어있다.

최근 한 전문기관에서 직장인을 상대로 직장 내 언어폭력에 관해 시행한 설문조사 결과를 발표해 시선을 끌었다.

발표에 따르면 직장 내에서 직장인 67%가 언어폭력을 경험했다고 한다. 언어폭력의 종류는 인격모독 발언이 69.9%로 가장 많고 호통 및 반발이 62.5%, 비하적 발언이 51.9%, 협박 및 욕설이 28.9%, 거짓 소문을 퍼뜨림이 21.8% 순으로 나타났다.

그렇다면 누가 직장에서 이러한 언어폭력을 일으키고 있는지도 조사했다. 이에 따르면 직장 상사가 75%로 대부분을 차지하고 있다. CEO나 임원도 27.9%가 언어폭력 가해자들이었다. 같은 동료들에게서도 17.2%가 언어폭력을 자행했다.

언어폭력의 심각성을 따지자면 실로 가벼이 넘겨야 할 사안이 아니다. 언어폭력은 눈에 보이지 않지만 심각한 정서적 상처를 남겨 모욕감과 불쾌감, 분노와 슬픔을 유발한다. 자아존중감에 상처를 입게 됨으로써 불안감과 적대감을 불러오게 되고 심할 경우 자살과 살인을 저지르게 하는 매우 중대한 사회적 문제요인을 안고 있다.

유명연예인이 어느 날 자살을 했다는 보도를 접하게 되면 그 이면엔 악성 댓글, 즉 언어폭력이 있었다. 심심치 않게 발생하는 군부대 내 사고도 따지고 보면 선임병들의 언어폭력이 주원인으로 작용한다. 몇 해 전 한 부대 내에서 신병이 무기를 탈취해 소동을 벌인 배경에는 선임병의 언어폭력이 있었다.

이처럼 언어가 폭력으로 사용될 때엔 예기치 않게 대형사건으로 이어지는 경우가 많다. 그만큼 말이 지닌 폭력성과 그 후유증은 상상 이상이다.

혀는 또한 다중성(多重性)의 상징이다. '말 한마디에 천 냥 빚을 갚기도 하지만 한마디 말로 사람을 죽일 수도 살릴 수도 있는' 것이 혀다. 오죽하면 중국의 백장 선사는 말 한 번 잘못한 죄로 5백 년 동안 여우의 몸을 받았다고 할까? 잘못된 말의 인과응보가 매우 크다는 것을 엄중 경책 하는 대목이다.

단순히 혀로 내뱉는 것은 진정한 말이 아니다. 인간 사회에 있어서 말이란 정보의 교류와 소통이라는 의사구조다. 건강한 의사소통구조로 되어 있어야 사람과 사람 사이의 관계가 바람직하게 설정된다. 반면 말이 아무런 책임과 기능 없이 배설(排泄)로 그치게 된다면 사회는 오염되고 사람은 상처를 입는다.

말은 무형(無形)의 성질을 지닌다. 그러므로 다루기가 까다롭다. 어떻게 다루느냐에 따라 화(和)와 불화(不和)가 생기고 행(幸)과 불행(不幸)으로 나뉘게 된다.

조선 시대 퇴계 이황과 8년간의 사상적 논쟁을 벌였던 고봉(高峯) 기대승(奇大升; 1527~1572)은 『논사록(論思錄)』으로 유명하다. 이는 고봉이 경론에서 강연한 내용으로 조선 시대 임금들의 제왕학(帝王學) 교과서로 불린다. 선조가 고봉이 죽자 명령을 내려 허봉(許葑)이 경연 내용에서 가려 뽑아 엮은 책이다.

그 내용 가운데 "언로(言路)를 뚫어야 한다."는 주장이 있다. 언로는 사람의 혈관과 같아 막히면 죽는다는 게 고봉의 지론이었다. 그는 "제왕의 눈과 귀는 그 언로를 향해 항상 맑게 열려 있어야 하고, 감지되는 바가 있으면 언제나 신속하게 반응해야 한다. 제왕의 눈과 귀가 막혔을 때는 사대부들이 목숨 걸고 그것을 뚫어야 한다."고 주장했다.

기대승이 『논사록』에 언급한 언로를 보면 "천하의 모든 일에는 시(是)와 비(非)가 있는 법. 이 시비가 분명해야 인심이 복종하고 정령(政令)이 순조로울 것이다. … 시비란 하늘의 이치에서 나오는 것이니 한때 비로 가려지기도 하고 잘리기도 하지만 그 시비의 본마음은 끝이 없어지지 않느니라. … 언로는 국가의 중대사다. 언로가 뚫리면 국가는 안정되고 언로가 막히면 국가는 위태롭다."라고 했다. 고봉은 사람의 혈관에 비유하여 말의 길[言路]이 막히는 것을 경계하였다. 언로는 혀로써 개통되는 것이 아니라 뜻으로 만들어진다는 점을 고봉도 특별히 강조하고 있다.

지혜로운 군자는 직언을 서슴지 않는 신하를 가까이 두었다고 한다. 당(唐)나라 현종은 한휴(韓休)의 직언 때문에 몸이 야윌 정도였다. 직언하는 신하는 용기가 필요하지만, 직언을 듣고 이를 소화하여 정책에 반영해야 하는 임금으로선 강인한 인내가 필요했을 터다.

그래서 지도자는 항상 민심을 두려워해야 하지만 직언을 두려워해선 안 된다. 민심과 직언은 사람의 일로서 중의(衆意)에 해당한다. 이를 왜곡하면 뜻을 저버리는 행위다.

송원 화상이 왜 입을 여는 것이 혀에 있지 않다는 것을 삼전어를 통해 우리를 일깨우려 했는지 알 수 있는 대목이다. 매사 진정한 뜻을 담아 입을 열어야겠다는 생각이다.

그물을 벗어난 금빛 물고기

04. 세계화 시대, 시야를 넓게

삼성이 설봉 화상에게 물었다.

"그물을 벗어난 금빛 물고기는 무얼 먹어야 하는지 모르겠습니다."

그러자 설봉 화상이 대답했다.

"자네가 그물을 벗어난 뒤에 말해주지."

이에 삼성이 "천오백 명이나 제자가 있다면서 무슨 말인지 뜻도 못 알아듣는군요." 하자 설봉 화상은 "나는 절 일이 바쁘다네." 하고 받았다. ●

－『벽암록』 제49칙

● 擧 三聖問雪峰, 透網金鱗 未審以何爲食, 峰云, 待汝出網來, 向汝道. 聖云, 一千五百善知識, 話頭也不識. 峰云, 老僧住持事繁 -『벽암록』제49칙

삼성혜연(三聖慧然; ?~?) 스님은 임제의현(臨濟義玄; ?~867) 선사의 제자다. 삼성은 스승인 임제의현 선사의 법문을 정리해 내놓았는데 이것이 선가의 유명한『임제록(臨濟錄)』이다.

『임제록』은 대한불교조계종 종정을 지낸 성철스님(1912~1993)이 선방 대중을 상대로 강설할 만큼 선가의 필독서로 꼽힌다. 성철스님의 임제록 강설은 그의 제자인 백련 불교문화재단 이사장 원택 스님이 2018년『임제록 평석』(장경각 간)이란 제목으로 출간했다.

선가의 유명한 가르침은 모두『임제록』에서 나왔다고 해도 지나치지 않다. "부처를 만나면 부처를 죽이고 조사를 만나면 조사를 죽여라."는 살불살조(殺佛殺祖), "어디에서든 주인공으로 살면 그곳이 바로 진리의 세계"란 뜻의 수처작주입처개진(隨處作主立處皆眞), "일체의 속박에서 벗어나 아무런 장애나 막힘이 없는 경지에 오른 참사람"이란 무위진인(無位眞人) 등이 모두『임제록』에서 나온 말이다.

삼성은 속박에서 벗어난 자유인의 경계를 '그물을 벗어난 금빛 물고기[透網金鱗]'로 비유했다. 다시 말해 삼성은 수행이나 계율 따위의 속박에서 벗어났음을 암시하며 설봉의 대답을 기다린다. 그런데도 설봉은 그물을 벗어나면 답해주겠다고 하니 삼성이 화가 날만도 하다.

산문(山門)에 천오백 명의 제자를 거느리고 있는 대선사(大禪師)가 말뜻도 못 알아듣느냐며 핀잔 투로 되받자 설봉은 "노승은 절 일이 바쁘다."고 짐짓 딴청을 피우고 있는 것이 이 공안의 내용이다.

설봉 화상이 삼성의 법기(法器)를 모르지는 않았을 것이다. 스승의 법문을 정리해 『임제록』을 낼 정도로 삼성은 잘 다듬어진 선가의 대들보다. 설봉은 삼성이 이미 그물을 벗어난 금빛 물고기임을 잘 알고 있을 터이다.

그러나 아무런 장애와 막힘이 없는 무위진인인들 무얼 먹어야 하는지는 전적으로 자신에게 달려 있다. 그물을 벗어나 대자유를 구가하고 있다 하더라도 어디에서 무엇을 하고 무엇을 먹을지는 삼성 자신이 선택해야 할 문제라는 것이다. 그 그물마저 걷어내길 설봉은 삼성에게 주지시키고 있는 것이 이 공안의 핵심이다.

21세기 들어서서 세계 인류는 숨가쁜 글로벌 경쟁 환경에서 살고 있다. 과거 민족주의를 내세우며 사학(史學)을 말하고 언어(言語)와 종교(宗敎)를 열변(熱辯)했던 학자들의 목소리는 세계화 시대를 맞아 크게 위축되었다. 한 나라의 국가관과 민족관은 일부 국수주의자(國粹主義者)들만 고집할 뿐 그물에서 벗어난 우수 인재들은 해외로, 세계로, 미래로 나아가고자 한다.

우리나라도 예외는 아니다.

충북의 작은 도시에서 태어난 한 젊은이는 우리나라의 국위를 선양하며 세계지도자 반열에 우뚝 섰다. 반기문 UN 전 사무총장이 바로 그다. 반 총장은 지금도 세계 각국의 리더들과 소통하며 세계평화에 이바지했다. 이외에도 세계 곳곳에서 맹활약하는 한국인이 적지 않다.

펜실베이니아 교포 출신의 환경운동가 대니 서(Danny Seo)는 〈워싱턴포스트〉에서 '지구상에서 가장 아름다운 청년'으로 선정했다. 대니 서는 11살 때 햄버거를 먹다가 텔레비전에 나온 도축장면을 보고 충격을 받아 채식주의자가 되었다. 이후 친구 7명과 함께 '지구 2000'이라는 청소년 환경단체를 만들어 10대 때부터 시민운동과 환경운동의 공적을 쌓았다. 이러한 남다른 활동으로 그는 1995년에 '알베르토 슈바이처 인간 존엄상'을 수상했다. 이 상은 사회운동가에게 주어지는 최고의 영예와 권위를 상징한다.

성악가 조수미도 세계적인 인물 중 하나다. 한국인으로서는 최초로 세계 5대 오페라 극장을 섭렵한 그녀는 카라얀*으로부

• 풀네임은 헤르베르트 폰 카라얀 (Herbert Von Karajan). 베를린 필하모닉 종신 예술감독을 지냈다. 1908년에 태어나 1989년 사망했다. 세계적인 연주자로 명성을 날렸다.

그물을 벗어난 금빛 물고기

터 "100년에 한두 명 나올까 말까한 목소리의 주인공"이라는 극찬을 받았다.

1963년 서울에서 태어난 조수미는 어릴 때부터 무용, 성악, 가야금, 피아노 등 다방면에 걸쳐 재능을 보였으나 학교생활에 크게 만족하지 못해 결국 대학 1학년 때 성악의 본고장인 이탈리아로 유학을 떠났다.

말하자면 '그물을 벗어난 금빛 물고기'의 삶을 희구했다. 이는 그녀의 탁월한 선택이었다고 한다. 그 곳에서 그녀는 세계적인 성악가의 산실 '산타 체칠리아' 음악원에 입학하게 되었고 비로소 그녀의 천재성에 걸맞은 교육을 받게 된 것이다.

음악원 유학 2년만인 1985년 나폴리 존타 국제 콩쿠르에서 우승한 그녀는 서서히 국제무대에 두각을 나타냈다. 이름이 알려진 여러 콩쿠르를 차례로 석권하면서 존재감을 알리기 시작한 그녀는 1986년 정식으로 오페라 데뷔무대를 가졌다. 이탈리아 5대 극장의 하나인 트리스테 베르디에서 〈리골레토〉의 '질다'로 출연한 것이다.

이때 환상적인 가창을 선보여 거장 카라얀을 감복시킨 그녀는 2년 뒤 그의 오디션에 초청돼 세계적인 명성을 쌓는 기반을 마련했다. 이후 라스칼라(88), 메트(89), 코벤트 가든(91), 빈 국립 오페라(91), 파리 오페라(93) 등 소위 세계 5대 오페라 극장을 차례로 섭렵했다. 오늘날엔 세계의 프리마돈나로 당당히 그 이름을 떨치고 있는 그녀는 분명 '금빛 물고기'가 틀림없다.

이 영향을 받아서일까?

세계 곳곳 각각의 전문분야에서 활약하는 한국인들은 나날이 증가하고 있다. 또한, 국제화 시대 무한경쟁력을 높여나가기 위한 『나는 세계다』라는 책이 2008년 출간됐는데 지금도 젊은이들에게 인기가 매우 높다.

이 책은 글로벌 투자은행에서 커뮤니케이션 전문가로 활동하는 저자 박현정 씨가 세계 진출을 꿈꾸는 젊은이들에게 들려주는 일종의 안내서다. 지금 이 시대 진정으로 필요한 국제 경쟁력이 무엇인지, 세계인으로 일하는 법, 그리고 글로벌 인재로 우뚝 서는 데 필요한 소통의 기술이 무엇인지 상세히 소개하고 있다.

우리나라의 젊은이들이 태생적으로 살아온 지역과 지인(知人)들의 그물에서 벗어나 세계를 상대로 무엇을 먹고 어떻게 살아야 할지 고민하고 도전하는 모습은 고무적이다. 그물에서 벗어남은 시대를 앞서가는 선각자와도 같다. 과거 구태(舊態)가 사회를 지배하던 시절에도 시대를 앞섰던 인물은 많다.

『홍길동전』의 저자로 유명한 허균(許筠)◆은 천하를 손바닥만

◆ 1569년에 출생해 1618년 사망했다. 자유분방한 삶과 파격적인 학문으로 주목을 받았다.

큼 여기며 살았던 인물이다. 그가 살던 시대는 16세기 말엽으로 봉건왕조의 모순이 누적돼 지역 파벌이 극심했다. 경제적으론 토지소유의 불균형으로 백성의 불만이 이만저만이 아니었다. 또한, 사회적으론 신분제도의 불평등으로 서민들의 고통이 컸다. 허균은 이러한 현실에 저항하면서도 천의무봉(天衣無縫)의 삶을 살았다.

그가 쓴 홍길동전은 어떤 것인가?

서얼(庶孼)의 차별을 철폐하고 탐관오리를 제거하는 사회 혁명적 내용을 담고 있다. 홍길동전에 나오는 의적 활빈당은 대한제국 시절 일제의 강점을 막으려는 의용군의 실제 모델로도 활용되었다.

이처럼 시대를 앞지르는 혜안(慧眼)과 현실적 모순을 질타하고 바로 잡으려는 의기(義氣)는 삼성이 말하는 금빛 물고기에 비유할 수 있다. 어느 시대에든 인간을 옥죄고 속박하는 그물은 있게 마련이다. 그 그물 속에서 안주하는 삶을 산다면 물고기와 다를 바 없다. 인간이 물고기와 다른 점은 무형의 그물마저도 걷어내고 진정한 자유를 구가하는 삶이 즐겁다는 것을 알고 있다는 점일 것이다.

이러한 성격으로 평탄한 삶을 살지 못했지만 한 때를 풍미한 정치인이자 호민(好民)을 내세운 사상가였다.

세계 인류의 행복과 평화는 국제화 시대에 지향하는 공통의 과제다. 이를 위해 지구촌은 지금 인종과 종교와 혈연 등의 차별을 없애기 위해 노력 중이며 나아가 다문화를 존중하는 태도를 지향하고 있다.

이러한 때 나의 존재는 어떤 것이어야 하는가? 나의 존재를 키우는 일이야말로 그물을 찢고 금빛 물고기로 우뚝 서는 방안임을 눈치 채야 할 것이다.

그물을 벗어난 금빛 물고기

05. 속지 않기

서암언 화상이 매일 자신에 "주인공!"이라 부르고 "예!"라고 대답
하면서 이내 말하기를 "깨달음에 명확히 이르렀는가?"라고 묻곤
"네!"라고 답했다.
"금일 이후에 절대로 남에게 속지 말라."하며 스스로 "네!, 네!"라
고 대답했다.●

- 『무문관』 제12칙

다른 사람의 속임에 넘어가는 것만큼 어리석은 짓은 없다. 속
임이란 본래 상대를 자신보다 하수에 두고 깔볼 때 이루어지는
일이다. 즉 약점과 허점을 상대에게 보이게 되면 상대방은 언

● 『무문관』 제12칙: 瑞巖彦和尙, 每日自喚主人公, 復自應喏, 乃云, 惺惺著喏. 他時異日, 莫
受人瞞, 喏喏.

제든 기회 있을 때마다 나를 얕잡아보고 골탕 먹이기 일쑤다. 단순히 상대가 골려 먹는 것으로 만족한다면 일이 그다지 심각하지 않겠지만 어떠한 큰 이권을 놓고 속임수를 쓴다면 내가 받을 상처는 작지 않을 것이다.

서암언(瑞巖彦; 850~910) 선사는 덕산선감(德山宣監; 778~863) 선사의 법손(法孫)이고 암두전할(巖頭全豁; 828~887) 선사의 법사(法嗣)로 더 정확한 이름은 서암사언(瑞巖師彦)이다.

전하는 바로는 천성이 매우 둔하여 스승인 암두전할 선사도 깨달음에 이르긴 어렵다고 보고 잘 돌보지 않았다고 한다. 그러나 수행이 본디 금을 제련(製鍊)하는 것처럼 수없이 많은 단계의 인고(忍苦) 과정을 통해 계위(階位)를 높여 가듯이 서암언 선사는 자신을 철저히 담금질했던 모양이다.

선(禪)에서는 '소'를 수행의 표본으로 삼는다. '심우도(尋牛圖)'가 그것을 잘 말해준다. 소는 천천히 걸어도 천리만리를 갈 수 있으나 호랑이는 빨리 달리는 재주는 출중해도 천리만리를 가지 못한다. 재빠르고 약은 이들은 호랑이처럼 속도감 있게 사냥하는 듯하나 지구력이 떨어져 실패 확률이 높다. 그래서 자신의 재주를 과신한 이들이 중도에 포기하는 경우가 많다.

서암언 화상과 비슷한 예는 부처님 재세(在世) 당시 '주리반특가(周利槃特迦)'라는 제자에게도 찾을 수 있다.

그물을 벗어난 금빛 물고기

주리반특가는 수행자들 사이에서 '멍청이'로 통했다. 아마 지능이 다른 사람에 비해 현저히 떨어졌던 모양이다. 이런 주리반특가는 그래서 번번이 다른 수행자들에게 놀림을 받곤 했다.

어느 날 부처님은 여느 때와 다름없이 놀림을 당하고 있는 주리반특가에게 '쓸고 닦아라.'라는 가르침을 주었다.

주리반특가는 마당을 쓸고 신을 닦고 밥을 먹으며 늘 '쓸고 닦아라.'라는 부처님의 가르침을 외웠다. 단순하게 반복되는 그 집념과 뚝심에 다른 수행자들도 응원과 격려를 보냈다. 그리곤 마침내 주리반특가는 깨달았다.

쓸고 닦는 것이 마음에 있다는 뜻을 알게 된 주리반특가는 그간의 우둔함과 어리석음에서 단박에 벗어날 수 있었다. 그는 당당히 지덕(知德)과 혜안(慧眼)을 갖춘 아라한의 경지에서 후학을 가르치는 선지식으로 자리했다.

서암언 화상도 매일매일 밥을 먹거나 청소하거나 앉으나 서나 스스로 '주인공아!'하고 부르곤 스스로 '네!'하고 답했다. 여기서 주인공은 바로 나 자신이다.

늘 점검하고 챙겨야 할 대상이다. 언젠가 부처가 돼야 할 미완의 여래다. 이 주인공 화두는 서암언 화상으로부터 비롯된 것이다. 서암언 화상은 대중들을 제접(提接)할 때도 항상 이 주인공 화두를 들어 가르침을 폈다.

그 출처는 『선문염송설화』 제988칙에 나온다. 현사사비(玄沙師備; 835~908) 선사가 어느 날 한 스님과 법거량을 주고받는다.

"요즈음 어디에서 떠나왔는고?"

"서암(瑞巖)에서 떠나왔습니다."

"서암이 무슨 말을 하던고?"

"늘, 주인공아! 하고 불러놓고 스스로 '예'하고 답합니다. 그리곤 '정신 차려라. 절대로 남에게 속지 말아라.' 이렇게 말씀하셨습니다."

"왜 거기에 있지 않고 나왔는고?"

"서암이 세상을 떠났습니다."

"지금도 대꾸를 하던고?"

현사 선사의 이 물음에 법거량을 하던 스님이 아무 말도 하지 못했다. 이 내용은 주인공 화두가 서암언 화상이 독자적으로 특색 있게 썼음을 방증해준다.

남에게 속지 않고 사는 방법은 자신을 늘 성찰하고 점검하는 일이다. 속임은 내가 가진 욕구와 비례한다. 어떤 특정에 대한 욕심이 있어서 그것과 연결되면 유혹에 넘어가기 쉽다. 마음을 투명하고 맑게 가져야 할 이유가 여기에 있다. 이런 사람에게는 아무리 고단수의 사기꾼이라도 쉽게 접근하지 못한다.

나아가 어리석음을 깨뜨리는 것도 중요하다.

종말론(終末論)에 귀가 솔깃하고 점복술(占卜術)에 쉽게 의탁하는 사람들이야말로 어리석기 짝이 없다. 우리 세상에 인과의 관계를 무시하고 벌어지는 일이란 없다. 모든 것이 연기론적(緣起論的) 관계에 있기 때문이다. 아니 땐 굴뚝에 연기 날 리 없다. 그런데도 허무맹랑한 주장에 넘어가는 것은 어리석음이 작용해서다. 이런 사람들이 말도 안 되는 다이어트 식품에 속아 부작용에 고생하고 만병통치약이라는 한마디 말에 선뜻 큰돈을 내놓고 산 뒤에 땅을 치고 후회한다.

　　사람들이 속고 사는 심리를 반영한 바넘 효과(Barnum effect)라는 말이 있다.

　　바넘 효과는 19세기 말 미국의 링 서커스단을 이끌었던 곡예사 바넘의 이름에서 유래한다. 바넘은 조이스 헤스라는 늙은 흑인 여인의 나이를 161세라고 선전하며 쇼에 출연시켜 관객을 끌어 모으는 데 성공했다. 헤스는 실제 나이가 80살이 되지 않았다. 바넘은 또 원숭이 머리와 물고기 꼬리를 교묘히 이어 붙여 인어라고 사람들을 속였다. 4살짜리 어린애를 세상에서 가장 작은 어른이라고 속이기도 했다.

　　특히 바넘은 사람들의 성격을 잘 알아맞혔는데 사람들은 그의 애기를 들으면 한결같이 "맞아, 바로 내 애기야."라고 반응했다. 바넘이 남긴 유명한 이야기가 있다.

"이 순간에도 속기 위해 태어나는 사람들이 있다. 세상에 속이지 못할 사람은 없다. 대중은 속기 위해 존재한다."

그렇다면 사람들은 바넘의 말처럼 왜 속임에 약한 것일까?

바넘 효과란 유동적이고 불명확한 자아개념과 깊은 연관성을 맺고 있다. 자아개념이 불명확하다는 것은 서암 화상이 말하는 주인공과도 직결된다.

나를 모르고는 어떠한 상황에서든 주인공이 절대 될 수 없다. 자신과는 다른 상반된 생각과 행위마저 자신의 기억 속에 저장해 놓은 채 불리한 때에는 자신을 합리화하는 데 이용한다. 그래서 점쟁이가 무슨 말을 해도 자신의 모습에 대한 것이라고 여기곤 진지하게 받아들인다.

이러한 바넘 효과는 1940년대 말 미국의 심리학자 포러(Forer)에 의해서 성격진단 실험을 통해 증명된다. 이에 따라 '포러 효과'로도 부르고 있다.

속는 일은 한 마디로 어리석음에 기인한다. 자기 자신을 정확히 모르고, 착각과 환상에 집착하면 언제든 속아 넘어가는 일은 비일비재하다. 오죽하면 바넘이 "세상에 속이지 못할 사람은 없다."라고 했을까?

우리가 서암 화상의 말처럼 남에게 속지 않으려면 자기를 바로 봐야 한다. 자기를 바로 알아야 자아개념을 확립할 수 있게

그물을 벗어난 금빛 물고기

되고 그럼으로써 불안과 욕망 등 부정적 심리요인도 제거할 수 있다.

현대 사회는 자아존중감이 있어야 하는 시대다.

국제화되고 다문화가 혼재되는 복잡성을 띠고 있지만 그럴수록 자아존중감이 요구되고 있다. 이는 달리 말하면 나 자신의 정체성을 더욱 확고히 해야 한다는 의식이 확산하고 있다는 얘기다. 물론 자기중심적으로 살아가는 일은 매우 중요하다. 그러나 속고 속이는 관계 속에서의 자기중심적 행위는 사회를 병들게 한다.

저마다 자기가 주인공이 되는 생활은 바람직하다. 상생과 배려, 존중의 차원에서 서로의 존재감을 위한다면 분명 우리 사회는 건강한 활력으로 미래를 향해 나아갈 수 있을 것이다.

서암 화상은 이런 점에서 일찍이 주인공 화두를 남겨놓은 것이리라. 서암 화상이 매일 같이 자신을 향해 주인공아! 부르고 나서 스스로 속지 말라 하곤 네! 네! 답하는 것은 자기점검의 일상이라 하겠다. 지혜와 복덕을 갖춰나가려는 자아개념의 확립이 일찍이 이루어졌다.

인간 사회는 복잡다단한 구조를 지니고 있다. 심리적으로도 갈수록 심층적이며 복잡한 양상을 띠고 있다는 것이 심리학자들의 일반적 견해다. 이런 구조 속에서 속고 속이는 구조는 당연한 현상일지 모른다. 그러나 난해한 복잡 구조라 하더라도 자신을 주인공으로 매일매일 만들어 나갈 수 있다면 어리석음에서 벗어날 수 있을 뿐만 아니라 누구로부터의 속임수로부터도 자유로울 수 있다는 사실을 깨달아야 한다. 나는 늘 깨어있어야 하는 존재다.

그물을 벗어난 금빛 물고기

06. 궁해야 통하는 길을 볼 수 있다

향엄 화상이 말하기를,

"가령 사람이 나무에 올라가서 입에 나뭇가지를 물고 손은 가지를 잡지 않으며 발은 나무를 디디지 않고 있는데, 나무 아래에 사람이 있어서 '서래의'를 물어왔다. 대답하지 않으면 묻는 사람에게 그릇될 것이고 만약 대답한다면 떨어져 죽을 것인즉, 이러한 때, 어떻게 대해야 하는가?"●

– 『무문관(無門關)』 제5칙

향엄지한(香嚴智閑; ?~898) 화상은 위산영우(潙山灵祐; 771~853) 선사의 제자로 학문에서는 독보적 존재였다고 한다.

● 『무문관(無門關)』 제5칙; 香嚴和尚云, 如人上樹, 口啣樹枝, 手不攀枝, 脚不踏樹, 樹下有人, 問西來意, 不對卽違他所問, 若對又喪身失命. 正恁麼時, 作麼生對?

그러나 스승 위산을 만나고 나서 교학(教學)에 한계를 느끼고 선에 전념했다. 향엄이 선에 전념하게 된 계기를 『조당집』은 이렇게 전하고 있다.

어느 날 위산이 향엄에게 말했다.

"지금껏 네가 터득한 지식은 눈과 귀를 통해 타인의 견문과 경권이나 책자에서 얻은 것일 뿐이다. 나는 그것을 묻지 않겠다. 네가 처음 부모의 태에서 나와 동서(東西)를 구분하지 못할 때의 본분사(本分事)를 일러보라. 내가 너의 공부를 가늠해보려 한다."

향엄은 그러나 대답을 하지 못한 채 스승의 가르침을 청했다.

이에 위산이 답했다.

"내가 말하는 것은 옳지 않다. 네가 스스로 일러야 비로소 너의 안목이 열릴 것이다."

향엄은 스승에게 이를 답을 찾기 위해 온갖 서적을 뒤졌으나 어디에서도 합당한 답을 발견하지 못했다. 그러자 향엄은 자신이 갖고 있던 모든 경권과 책자를 불살라버렸다. 이것이 향엄이 선에 열중하게 된 계기다.

『무문관』 제5칙에 나오는 이 공안은 향엄이 스승의 가르침에 영향 받은 데 기인하고 있다. 책에서 찾을 수도 없거니와 웬만한 수행능력으로서도 풀 수 없는 대표적인 공안이다.

입을 열면 떨어져 죽을 것이 확실하고 그렇다고 아무 답을 해주지 않으면 묻는 이에 대한 올바른 처신이 아니다. 진퇴양난(進退兩難)이다. 이러지도 저러지도 못하는 궁지에 내몰린 것이다. 그러나 궁지에 몰리면 통한다는 말이 있다. 궁즉통(窮卽通)이 그것이다.

언어는 입으로만 말하는 게 아니다.

눈으로도 말할 수 있고 손으로도 말할 수 있으며 발로도 말할 수 있다. 이것을 일러 신체언어라 한다. 일명 보디랭귀지(Body Language)다. '보디랭귀지'는 때에 따라선 논리적 언어보다 설득력을 더할 때가 있다. 특히 외국어를 모른 체 해외여행을 나서는 사람들로선 의사소통을 위해 '보디랭귀지'에 각별한 재능을 보여야 할 때도 있다.

낯선 이국땅에서 말은 통하지 않는데 위급한 상황을 맞았다고 가정해보자. 소통을 할 수 있는 유일한 수단은 '보디랭귀지'뿐이다. 그러나 '보디랭귀지'가 만국의 언어는 아닌 게 확실하다. 어떤 표현으로 의사 전달을 할까, 현지인이 금세 눈치 챌 수 있는 '보디랭귀지'를 보여주는 것이 중요하다. 이러한 때 그때그때 기발한 아이디어로 '보디랭귀지'를 선보여 위기 상황을 모면했다는 경험담이 많다.

그만큼 '보디랭귀지'는 상대방이 금방 파악할 수 있게끔 재치가 깃들어 있다면 만국의 언어로 통할 수 있는 수단이 된다. 세계적인 컨설팅 회사 (주)슈퍼 보스의 대표인 데이비드 프리맨틀(David Freemantle)은 다음과 같은 말로 보디랭귀지의 중요성을 강조하고 있다.

"동물은 미세한 몸짓 신호를 읽어내는 데 뛰어나다. 그것이 살아남는 방법이기 때문이다."

데이비드 프리맨틀의 말을 굳이 인용하지 않더라도 우리 선조들에서도 동물로부터 배우는 지혜가 전해져 내려오고 있다. 개미와 개구리는 기상예보의 첨병이다. 새들의 날갯짓을 통해 폭풍을 예견하기도 한다. 동물의 미세한 몸짓은 그들의 생명과 직결돼 있다. 이러한 미세한 몸짓을 관찰하여 날씨를 미리 파악해 온 선조들의 지혜는 놀랍다.

『끌리는 사람은 1%가 다르다』의 저자인 이민규 심리학 박사는 신체언어와 관련해 이렇게 주장한다.

"어느 조직이건 카리스마를 가진 사람이 존재한다. 그들은 대개 조직을 좌우하는 위치에 있다. 그들에게는 공통점이 있다. 하나는 다른 사람들의 신체언어를 민감하게 포착하는 동물적 감각을 갖고 있다는 것이고, 또 하나는 신체언어로 의사를 전달하는 능력이 탁월하다는 점이다. 다른 사람의 감정을 정확하게 파악하는 능력은 데이트나 육아와 같은 개인적인 일에서

그물을 벗어난 금빛 물고기

부터 세일즈와 비즈니스, 경영관리, 범죄 수사, 정치까지 거의 모든 일에서 성패를 좌우한다.

이 모든 일은 다른 사람들의 감정에 공감하는 능력과 관계가 있으며 공감이란 상대에 대한 감정을 정확하게 파악하는 능력이 전제되어야 가능하다. 다른 사람의 감정을 파악하는 기술의 핵심은 그 사람의 음조, 몸짓, 표정 등 신체언어를 정확하게 해독하는 능력이다."

말에 격조가 있듯이 신체언어에도 격조가 있다. 말에 거짓말이 있듯이 신체언어에도 거짓됨이 있다. 다시 말해 신체언어도 의사소통의 한 방법으로서 진심이 담겨 있어야 한다. 진심을 듬뿍 담아 신명 나게 표현해야 상대방도 기꺼이 신체언어를 수용한다. 잘못 표현된 신체언어는 생각지 못한 오해를 낳을 수 있다.

선사들의 법거량에서도 '보디랭귀지'를 이용하는 경우가 적지 않다. 방(棒)을 사용하는 덕산 선사가 대표적이라 할 수 있다. 우리나라 선사들도 덕산 선사 못지않게 무애행(無碍行)으로 진리를 전달하는 경우가 많았다.

전강(田岡; 1898~1975) 선사는 어느 날 법당에서 요사로 가던 중 오줌이 급했다. 선사는 참지 않고 시원하게 방뇨했다. 그때 원주가 이 광경을 보고 소리쳤다.

"어느 놈이 법당 앞에서 오줌을 누느냐?"

그러자 선사가 쩌렁쩌렁한 목소리로 대꾸했다.

"이 세상 모든 것이 부처님의 진신인데 어느 곳을 향해 오줌을 누란 말이냐?"

시원한 방뇨를 통해 일갈하는 한 광경이다.

고봉 화상과 향곡 스님의 바늘 일화도 유명하다. 고봉 화상이 누더기를 깁고 있는 향곡 스님에게 물었다.

"바느질은 어떻게 하는 것이냐?"

향곡 스님은 누더기에서 바늘을 빼내 고봉 화상의 다리를 찔렀다.

고봉 화상이 "아야!" 하니 다시 바늘로 다리를 찔렀다.

그러자 고봉 화상이 "그 녀석, 바느질을 곧잘 하는구나."라고 했다.

이것은 젊은 수좌의 바느질에 참견하는 큰스님의 한가로움을 농락하는 선기를 발휘하는 장면이다.

그런데 선가의 보디랭귀지는 표현하는 이와 받아들이는 이의 해석이 제각각 다를 수가 있다. 또한, 곡해한 순간도 있다. 법기(法器)가 다르면 제대로 된 법거량이 이루어지기 어렵다. 고봉 화상과 향곡 스님처럼 법기가 잘 다듬어진 이들에겐 매사가 법거량이다.

그물을 벗어난 금빛 물고기

궁의 경지에 이르러야 이같이 서로 통하는 길을 가게 된다. 수십 번 궁지에 몰려야 빠져나갈 방도를 알아챌 수 있다는 얘기다.

'서래의'는 달마가 왜 중국에 오게 되었느냐는 질문이다. 불법의 대의를 묻는 중국 선사들의 대표적인 질문 방식이다. 이 답을 구하는 것이 출가자들의 사명이자 이 답을 들려줘야 하는 것이 스승의 도리다. 하지만 이 공안은 그 답을 들려줄 수 없게끔 난해한 장면을 설정해 놓고 있다. 입을 열면 떨어져 죽는다. 그렇다고 서래의를 묻는 이에게 답을 안 해 줄 수도 없다.

'보디랭귀지'는 이럴 때 필요한 것이다. 높은 나무 꼭대기에서 가지만 입에 물고 위태롭게 지내는 사람에게 명예와 권력이 무슨 소용이 있으며, 고광대실과 절세미인이 필요할 일이 뭐 있을 것인가. 당장 발등에 떨어진 불을 꺼야 궁지에서 벗어날 수 있다. 즉 일대 본분사를 해결해야 하는 일이 무엇보다 시급하다.

그러기 위해선 나 자신을 더욱 더 궁지로 몰아넣어야 한다. 그래야 통할 수 있는 길을 만들어낼 수 있다. 이 공안은 그것을 가르치고 있다. 말하자면 궁즉통극즉반(窮則通極則反)이다. 궁하면 통하고 극에 달하면 반전이 기다리는 법이다.

옛날 어느 왕이 두 마리의 매를 선물 받았다. 그중 한 마리는 커서도 날지 못하고 늘 나뭇가지에 앉아 있었다. 왕은 매를 날게 하려고 온갖 방법을 동원해 보았지만, 소용이 없었다. 왕은 매를 키우는 한 농부에게 한 달 내 매가 날 수 있도록 하라며 숙제를 냈다. 매가 날지 못하면 엄하게 벌할 것이라고도 했다.

고민에 빠진 농부가 어느 날 결심을 굳힌 듯 매가 늘 앉아 있는 나뭇가지를 잘라버렸다. 앉아 있을 자리가 없어진 매가 그제야 하늘을 날았다. 농부 역시 궁지에 빠져있다 통하는 길을 찾아낸 것이다.

궁해야 통하는 길을 볼 수 있는 법이다. 세상에 답이 없는 경우는 없다. 궁지야말로 그 답을 찾아내는 통로이다. 이번 공안은 이를 일깨워주는 메시지다.

3. 네가 있었다면 고양이 새끼는 죽지 않았을 것을!

01. 남 탓하지 말라

한 스님이 경청 화상에게 "저는 껍질을 깨뜨리고 나가려는 병아리와 같으니, 부디 화상께서 껍질을 쪼아 깨뜨려 주십시오."하고 말했다. 경청 화상이 "과연 그렇게 해서 살 수 있을까?" 하자, 그 스님은 "만약 살지 못하면 화상이 세상의 조롱이 되겠죠."라고 받아쳤다. 이에 경청은 "멍청한 놈!"이라며 꾸짖었다.

- 『벽암록』 제16칙

• 擧 僧問鏡淸, 學人, 請師啄, 淸云, 還得活也無, 僧云, 若不活遭人怪笑, 淸云, 也是艸裏漢. - 『벽암록』 제16칙

우리나라에 '잘되면 제 탓, 못되면 조상 탓'이라는 속담이 있다. 실제로 우리 주변에는 '남 탓'하며 사는 사람이 많다. 자신의 허물을 들여다보는 데 인색한 대신 다른 이의 잘못은 침소봉대하여 드러내려 한다.

이번 공안(公案)의 제목은 본래 '경청의 줄탁(啐啄)'으로 사람과 사람 간의 관계가 '줄탁동기(啐啄同機)'로 이루어지면 얼마나 아름다울까 생각해 본다.

'줄(啐)'은 달걀의 배자(胚子)가 충분히 발육하여 병아리로 태어나기 위해 안에서 주둥이로 껍질을 쪼아 깨뜨리는 행위의 표현이다. '탁(啄)'은 암탉이 새끼의 활동을 직감적으로 깨닫고 알맞은 시간에 밖에서 껍질의 같은 부분을 쪼아 알을 깨고 나오려는 새끼를 돕는 행위를 말한다.

이를 선가(禪家)에서는 수행자가 깨달음의 경지에 도달한 때 맞추어 스승이 그 개오의 길잡이 역할을 하는 것을 '줄탁동기'라 표현하는 것이다. 여기에 등장하는 스님은 한창 배움에 열중하고 있는 젊은 학인(學人)이다.

이 젊은 스님은 자신이 깨닫지 못하면 스승으로서 경청 화상이 '탁' 역할을 제대로 못 한 것이 되므로 '세상의 조롱거리'가 된다고 엄포를 슬쩍 놓고 있다. 이에 경청이 '멍청한 놈'이라고 되레 혼을 내는 장면이다. 채 무르익지도 않은 수행자가 줄탁

그물을 벗어난 금빛 물고기

을 거론하다 크게 한 방 얻어맞은 꼴이 되었다.

경청도부(鏡淸道怤; 868~937) 선사는 6세에 동진 출가하여 훗날 설봉의존 선사의 법맥을 이었다. 당대에 선풍을 휘날린 운문문언(雲門文偃; 864~949), 장경혜릉(長慶慧稜; 854~932), 보복종전(保福從展; ?~928) 등과 사형사제간이다.

설봉 선사에게 인가를 받은 경청은 월주(越州, 오늘의 저장성 소흥)에 경청사를 세우고 후학들을 제접(提接)했다. 경청사에서 선사는 수많은 학자와 논쟁을 벌이곤 했는데 그의 선지(禪旨)와 선기(禪機)가 상대방을 대부분 압도했다.

이런 경청 선사가 자신을 깨달음으로 이끌지 못하면 세상의 조롱거리가 될 것이라고 치기를 부린 젊은 학승에게 당할 리 없다. 경청 선사는 '초리한(艸裏漢)'이란 말로 젊은 학승의 호기를 꺾어버린다. '초리한'은 당·송 시대의 속어(俗語)로 '촌뜨기', '멍청이'란 뜻이다.

'줄탁동기'가 되려면 세상에 나올 준비가 돼 있어야 하고 무르익어야 한다. 어미 또는 스승도 그 무르익음을 알아 동시에 세상에 나올 수 있도록 돕는다. 그러나 경청을 상대하는 학승은 알을 깨고 나올 만큼 익지 않았다. 선사 역시 그가 설익은 알에 불과할 뿐, 여전히 가슴에 품고 있어야만 하는 존재임을 파악하고 있었다. 깨달음의 경지에 가기 위해선 부단히 정진해야 하는 학인 승려일 뿐이다. 이런 학승이 선불장(選佛場)에서 살아남지 못한다면 그 책임이 경청 선사에게 있다고 엄포를 놓고 있으니 선사로선 기가 찰 일이다.

이처럼 자신의 어리석음을 모르고 천방지축 날뛰는 사람들이 적지 않다. 그러다가 잘못되면 남 탓으로 돌리기 일쑤다.

1994년 싱가포르에서 있었던 일이다.

여러 대의 차량에 흠집을 내고 타이어를 찢는 사건의 범인으로 당시 15세의 미국 소년 마이클 페이가 치안 당국에 검거되었다. 싱가포르 법원은 그에게 징역 4개월에 3천5백 달러의 벌금과 6대의 태형에 처한다는 판결을 내렸다.

문제는 태형이었다. 싱가포르에선 태형이 크게 문제 되지 않았다. 범죄에 대한 처벌로서 조용히 유지돼왔던 것인데 이 판결로 인해 세계의 주목을 받았다.

뉴욕타임스를 비롯한 미국 언론매체들은 연일 사설을 통해 태형을 비난하고 나섰다. 당시 빌 클린턴 미국 대통령은 싱가포르에 노골적으로 압력을 행사했고 미 상원의원 수십 명도 사면을 촉구했다. 이에 대해 리콴유 싱가포르 총리는 "단지 미국인이라는 이유만으로 태형을 면제해 준다면 어떻게 자국의 국민에게 법을 지키라고 요구할 수 있겠는가!"라며 정면 대응했다. 단지 미국 정부의 체면을 고려해 태형을 6대에서 4대로 감형해 주는 데 그쳤다.

하지만 마이클 페이는 자신에 대한 미국 정부와 국민의 관심을 저버렸다.

그는 미국에 돌아가서도 음주운전, 뺑소니, 마약범죄에 빠져들었다. 그리곤 변명으로 일관했다. 그 변명이 한심했다.

"마약과 가스를 해야만 곤장을 맞던 기억을 잊을 수 있다."

그의 말은 국민의 동정을 사기는커녕 분노하게 했다.

물론 태형이 청소년을 교화하는 데 있어서 효과적이냐는 의문을 가질 수는 있다. 그렇지만 잘못에 대한 성찰과 새로이 자신을 변화시키는 문제는 전적으로 자신에게 달린 것이다. 세계적인 이목을 집중시켰던 마이클 페이는 오히려 아시아의 작은 나라 싱가포르에 모든 책임과 원인을 전가하며 젊은 날 자신의 타락을 부채질했다.

그럼으로써 얻은 결과는 무엇일까? 마이클 페이는 재기할 수 없는 타락의 길로 자신을 더욱 몰아갔다. 먼저 자신을 돌아보는 반조(返照)의 눈을 가질 때 거듭남이 있다. 모든 변화의 주인공은 바로 자기 자신이다. 남 탓으로 원인과 책임을 전가하면 갈등만 증폭될 뿐이다.

지금도 우리 사회에선 '금수저, 흙수저' 논란이 가시지 않고 있다. 젊은이들에게 취업난이 가중되면서 회자하는 이 말은 자본주의 사회의 어두운 면을 부각하는 대목이다. 젊은이들이 새로운 신분제를 상징하는 말에 빠지면서 낙담하고 있을 때 정재원(1917~2017) 정식품 명예회장●은 한 신문과의 인터뷰에서 이런 말을 해 주목받았다.

"타고 난 금수저나 흙수저는 없어요. 뜻을 세우고 굽히지 않으면 길이 생기고 소원이 이루어집니다. 현실에 안주하는 무기력한 삶을 살기보다는 자신의 운명을 개척해 나아가야 합니다."●

정재원은 20대 청년 의사 시절이었던 1937년 서울에서 아기들이 잇달아 목숨을 잃는 사건을 보았다. 베테랑 의사들도 그 원인을 몰라 전전긍긍하고 있었다. 그는 이 의문을 풀기 위해 40대에 미국으로 유학을 떠났다. 샌프란시스코 한 도서관에서 유당불내증(乳糖不耐症)을 소개하는 의학서적을 접하곤 충격을 받았다. 우유나 모유의 유당을 분해하지 못해 결국 사망에 이르게 되는 유당불내증이 20년 전 바로 그 아기들의 사망 원인이었다.

그때부터 유당불내증 치료에 매달린 그가 1966년 만들어 낸 것이 유당이 없고 3대 영양소가 풍부한 콩으로 만든 두유인 '베지밀'이다. 이후 베지밀을 팔아 번 돈을 수천 명의 청소년에게

● 의사 출신의 기업인. 대한민국 제10대 12대 국회의원을 지냈다. 우리나라 최초의 두유인 '베지밀'을 만든 정식품 창업주다.
● 매일경제, 2016.02.29. '흙수저 한탄하는 한국 청년에게 고함'.

그물을 벗어난 금빛 물고기

장학금으로 내놓았다.

그는 100세의 일기로 운명할 때까지 남의 탓을 하지 않은 것으로 유명하다. 잘못된 일이 있으면 스스로 자기를 돌아보며 성찰하는 한편 해답을 찾기 위해 더욱 가일층 노력했다.

부처님은 '금수저, 흙수저론'과 같은 신분제를 어떻게 받아들이셨을까? 부처님은 이와 관련 일찍이 이렇게 말씀하셨다.

"인간은 결코 그의 신분에 의해서 비천해지거나 고귀해지지 않는다. 인간을 비천하고 고귀하게 만드는 것은 신분이 아니라 그 사람의 행위다."

『잡아함경』 4권 102경 '영군특경'에 보면 '성내는 마음으로 원한을 품은 자, 위선을 행하며 그릇된 소견을 가진 자, 거짓을 꾸미고 아첨하는 자, 생명을 해치고 자애로운 마음이 없는 자, … 빚을 지고도 발뺌하는 자, 자기 이익을 위해 거짓말을 하는 자, 자기는 추켜세우고 남은 깔보는 자, 부처님을 헐뜯고 부처님의 제자를 비난하는 자, 성자가 아니면서 그런 척하는 자' 등등이 천한 사람의 부류에 해당한다. 남 탓하는 사람도 당연히 천한 부류에 속한다.

우리 사회가 반목과 질시 대신 화합과 소통의 구조를 갖기 위해선 무엇보다 앞서 나 자신을 먼저 성찰하는 자세를 갖는 것이 중요하다. 그래야만 나를 성숙한 단계로 끌어줄 스승과의 관계가 만들어지는 것이다. '줄탁동기'와 같은 명쾌한 해법은 바로 자기 자신에게 있다. 그러기 위해선 남을 탓하기에 앞서 자신을 담금질하는 데 더욱 정진하는 자세가 중요하다.

그물을 벗어난 금빛 물고기

02. 안주하지 않는 삶

청량의 대법안 화상은 어느 날 스님들이 증오(證悟)를 확인받기 위해 입실하기 전에 손으로 발(簾)을 가리켰다. 그때 두 시자가 함께 가서 발을 말아 올렸는데, 법안 화상이 "하나는 얻고 하나는 잃었다."라고 말했다.●

−『무문관』제26칙

청량법안(淸凉法眼; 885~958) 선사는 법안종(法眼宗)의 조사(祖師)다. 나한계침(羅漢桂琛; 867~928) 선사의 법맥을 이었으며, 법명인 문익(文益) 선사로 더 알려진 인물이다. 그래서 대체로 법안문익으로 불린다.

● 淸凉大法眼 因 僧齋前上參 眼 以手指簾 時有二僧 同去卷簾 眼曰 "一得一失" −『무문관』
제26칙

저장성 여항(余杭)에서 태어났고 속성은 노(魯) 씨다. 나이 20세에 구족계를 받았으며 출가 초기엔 교학을 깊이 공부하여 유교에도 조예가 깊었다. 하지만 출가의 본분사를 해결하지 못하자 훗날 선(禪)에 천착했다.

선문에서 장경혜릉(長慶慧稜; 854~932) 선사의 가르침을 받았는데 이에 만족하지 못하고 제방의 대덕을 두루 찾아뵙고자 행각(行脚)에 나서 큰 깨달음을 이룬 것으로 알려졌다. 그의 선지(禪旨)와 지덕(智德)은 단연 돋보였다. 이는 그가 법안종을 새로 세운 조사라는 사실만 보더라도 쉽게 알 수 있는 대목이다.

법안 선사가 이 공안에서 말하고자 하려는 의미는 무엇이었을까?

'상참(上參)'이란 법문을 듣기 위해 만들어진 법석이나 조실 스님에게 자신들의 증오(證悟)를 확인받기 위한 자리라는 뜻으로 쓰인다. 상참에 들기 전 법안 선사는 시자들에게 발을 가리키며 걷으라 지시한다. 이에 둘이 똑같이 발을 걷으라 해서 걷었는데 "하나는 얻었고 하나는 잃었다."니 이 무슨 불균형(Unbalance)한 지적이며 평가인가? 또 법안 선사가 말하는 득과 실은 무엇을 말하고 있는 것인가?

추측해 보건대 발을 걷어 올리면 밖의 환한 빛과 공기가 방 안에 넘쳐날 것이다. 이때, 한 시자는 이를 상큼하게 받아들였고, 또 다른 시자는 언짢게 반응했을 수도 있었을 것으로 짐작한다.

여기에서 '발'이란 삼성의 '그물'과도 같은 공안으로 이해했을 때, '발'이 치워지면 넓디넓은 광활한 세계가 펼쳐진다. 한 시자는 이를 반겼고 다른 시자는 두려워했을 수도 있다. 발을 걷는 두 시자의 움직임은 분명 똑같았지만, 발을 걷어 올린 외부의 환경을 받아들이는 두 시자의 반응은 달라 보였던 모양이다. 이를 살핀 법안 선사가 즉각 내뱉은 말이 '하나는 얻었고 하나는 잃었다.'이다.

이 공안을 통해 생각해 보면 변화하는, 또는 변화된 세상과의 조화다. 자신에게 어떠한 상황이 주어지든 이에 잘 적응하는가 하면, 섭수하고 포용하는 능력까지 보여준다면 이는 조화를 꾀할 줄 아는 사람이다. 반면 주어진 상황에 제대로 적응하지 못한 채 배타적이고 수동적인 반응으로 일관한다면 이는 낙후되거나 옹졸한 존재로 남게 될 것이다.

법안 선사는 두 시자가 함께 발을 걷어 올리는 모습을 보며 이것을 우리에게 일러주려고 했던 것은 아니었을까.

어느 상황에서든 당황하거나 짜증내는 일이 없어야 조화가 이루어진다. 감정에는 기복(起伏)이 있다. 감정의 기복이 심한 경우 가까이하려는 사람이 적다. 그러므로 사람들은 되도록 자기감정을 잘 조절하고 관리하려 한다. 평소 자기감정을 잘 조절해 온 사람들은 어떠한 상황에서도 당황하거나 조급해하지 않는다. 반대로 감정의 기복이 심한 사람들은 조그만 일에도 화를 내고 갑작스러운 상황에서는 민감하게 대응한다.

실제로 법안 선사는 위기의 상황에서도 위축되거나 좌절하지 않고 오히려 자기발전의 동력으로 삼아 전환점을 만든 뒤 마침내 훗날 법안종을 만드는 조사가 된다.

그가 장경혜릉의 가르침에 만족하지 못하고 지내던 어느 날 동료와 함께 행각(行脚)을 나설 때의 일이다. 행각이란 안거를 마치고 해제기에 선지식을 두루 찾아뵙고 안거 때 향상(向上)한 자신의 법력을 인가받는 일종의 여행이라 할 수 있다. 행각 도중 법안 선사는 갑자기 퍼붓는 함박눈을 피해 찾아 들어간 곳이 지장원(地藏院)이라는 조그만 암자였다. 눈이 그치길 기다렸다가 지장원에서 나오며 원주스님과 작별인사를 하였다.

원주는 문밖에 있는 큰 바위까지 전송을 나왔다. 법안 스님이 '잘 쉬었다 갑니다.' 하고 돌아서는데 원주가 묻는다. "그대들은 평상시 삼계유심(三界唯心)이란 말을 알고 있을 터인데 이 바위가 그대들의 마음 밖에 있는가, 마음 안에 있는가?" 이에 법안이 "마음 안에 있습니다."고 답하자, 원주의 말이 귀를 때리는데 법안으로선 가히 충격이었다.

"멀리 행각하는 그대들이 저렇게 무거운 바위를 품에 안고 다니느라 얼마나 힘이 들꼬?"

이 말에 법안은 대꾸할 실력이 없음을 알고 도망치듯 돌아섰다.

법안이 한참 도망치다 생각했다. '행각하는 의의가 선지식을 찾고자 함인데, 지장원의 원주스님은 선지식이 틀림없다. 괜스레 시일을 허비할 것이 아니라 스님의 지도를 받는 것이 옳다.' 그는 다시 발걸음을 돌렸다.

법안이 지장원의 문을 두드리자, 원주가 나오며 "아직도 그 무거운 바위를 품에 안고 있는가?"라고 일갈했다. 법안은 납작 엎드려 큰절을 올리며 법을 청했다.

"스님! 가르쳐 주십시오."

법안은 지장원에 머물며 원주 스님의 지도를 받아 개안(開眼)의 경지를 터득한다. 이후 선기(禪機)가 날로 일취월장(日就月將)하더니 마침내 '법안종'을 창설하게 된다. 법안을 이렇게 만든 원주가 바로 나한계침 선사다. 만일 법안이 창피함에 다시 원주 보기를 회피했다면 중국불교의 법계(法系)는 달라졌을 것이다.

그러나 법안은 선지식을 대하는 데 있어서 대분발의 힘을 발휘한다. 자신의 허약한 법기(法器)를 단단히 고치고자 창피함을 무릅쓰고 원주를 다시 찾아간 것이다. 말하자면 원주의 법거량에서 그가 예사 인물이 아님을 간파했다. 원주는 실제로 현사사비(玄沙師備; 835~908)의 법맥을 이은 수제자로 당대(唐代) 복건성 지장원과 나한원에서 선풍을 크게 진작시킨 인물이다. 나한계침 역시 역방 중 현사사비를 만나 깨침을 얻었다.

법안과 스승 계침 선사의 공통점은 이처럼 제방을 두루 참방하며 큰 선지식을 만나 깨침을 열었다는 것이다. 이러한 선사의 편력을 놓고 봤을 때 '발'은 경계를 허무는 상징성을 띠게 된다.

발이 무엇인가?

바깥의 빛과 공기와 사물을 가리는 역할을 하는 게 발이다. '그물'이 나를 가두는 족쇄라면 '발'은 바깥의 경계로부터 나를 차단하는 가림막이다. 법안 선사는 이 발을 내세워 얻고 잃음의 선지를 우리에게 일러주는 것이다.

'그물'과 '발'을 걷어내야만 세상을 두루 편력할 수 있다. 운수납자란 단순히 바람 부는 대로 발길을 옮기는 게 아니다. 더 큰 문명과 더 큰 진리와 더 큰 시대의 아이콘을 찾아 떠나는 수행자다.

향상일로(向上一路)를 추구하는 이들은 절대로 안주(安住)하지 않는다. 한 곳에 안주하게 되면 변화를 읽는 힘이 떨어지고 결국엔 도태된다. 한곳에 오래 머무른 물은 썩게 마련이다. 그러므로『숫타니파타』에서는 "성인은 한곳에 오래 머물지 않는다."고 하였다.

과거 후백제를 세운 견훤이 신라에서 태어나 당나라를 유학하고 돌아온 동진 대사(洞眞大師; 869~948)가 완산주(지금의 전주)에 머물고 있을 때 완산주 남쪽 남복선원(南福禪院)에 주석해 줄 것을 간청한 일이 있었다. 이에 동진 대사는 "새도 머물 나무를 가릴 줄 아는데, 내 어찌 박이나 오이처럼 한 곳에만 매달려 있어야 한단 말이오?"라며 거절했다.

한 곳에 정주(定住)하는 게 오히려 자신의 발전을 가로막는다는 사실을 동진 대사는 너무 잘 알고 있었다.

머물지 않는다는 것은 항상 분주히 자신을 움직여 새로운 도전을 시도한다는 뜻이기도 하다. 계침과 법안이 제방을 돌며 선지식을 찾아 진리를 구했던 그 시간이야말로 이들을 훗날 선가의 큰 인물로 만든 요인일 터이다.

'발'을 걷어내는 행위는 자신의 게으름과 나태와 안주를 벗어내는 의미와 직결된다. 그런 연후 광활한 세상과 맞닥뜨리는 것을 두려워해선 안 된다. 세상의 변화를 감지하고 익혀야 시대를 이끌 수 있고 후학에게 가르침을 줄 수 있다. 깨달음의 세계는 그렇게 수많은 인물과 변화들에 맞서 자신을 단련시켜야

성취할 수 있는 것이다. 발을 어떻게 걷어낼 것인가 그 답은 바로 나 자신에게 달려 있다.

03. 꾸밈이 없어야 바로 선다

조주 화상이 한 암주를 찾아서 물었다.

"계십니까, 계십니까?"

그 암주가 주먹을 들어 보였다.

"물이 얕아서 배를 세울 곳이 안 되는군요."

조주가 말을 남기고 돌아갔다.

또 다른 암주를 찾아서 "계십니까, 계십니까?"하니 암주가 역시
주먹을 들어 보였다.

스님이 이를 보고 "능통 능란하고 살활자재하다."라고 칭찬했다.●

－『무문관』제11칙

● 趙州到一庵主處問 有麽有麽. 主竪起拳頭, 州云, 水淺不是泊舡處, 便行. 又到一庵主處云
有麽有麽. 主亦竪起拳頭, 州云, 能縱能奪能殺能活, 便作禮. －『무문관』제11칙

조주종심(趙州從諗; 778~897) 선사는 『조주진제선사어록병행장(趙州眞際禪師語錄幷行狀)』, 『경덕전등록(景德傳燈錄)』 등 현전하는 문헌에 의하면 중국 산동성 조주부에서 태어났다. 속성은 학(郝) 씨이고 법명은 종심이며 조주는 법호다.

남전보원(南泉普願; 748~834) 선사의 명성을 듣고 찾아가 20년간 법을 배운 후 그의 뒤를 이었다. 조주 선사는 각 지방을 순례하면서 여러 대덕을 만나 법거량하며 선기(禪機)를 다듬었다.

당시 조주 선사는 "7세 아동이라도 나보다 나으면 내가 그에게 물을 것이요, 백 세 노인이라도 나보다 못하면 내가 그를 가르칠 것이다."라고 했다. 선사의 선풍은 높고 험준하고 질박한 것으로 평가되고 있다. 하지만 때로는 직설적이고, 어떤 때는 초등학교 선생님처럼 친절하기 이를 데 없었다.

『무문관』 제11칙에 전해지는 이 공안은 선사의 법거량이 어떠했는지를 여실하게 보여주는 대목이다. 조주 선사가 어느 날 한 암자를 찾아가 '계세요? 계세요?' 하니 암주가 아무 말 없이 주먹을 불끈 들어 보였다. 이에 조주 선사는 "물이 얕아 배를 댈 수 없다."며 돌아 나왔다. 암주의 법력이 아주 보잘것없다는 얘기다.

이어 찾은 다른 암자에서 암주 역시 아무 말 없이 주먹을 불끈 들어 보인다. 전 암주의 상황과 똑같다. 그런데 조주 선사의

그물을 벗어난 금빛 물고기

반응은 정반대다. 이번엔 "능통 능란하고 살활자재하다."면서 암주의 법력을 높이 샀다.

　같은 상황에 정반대로 나타난 조주 선사의 반응을 어떻게 받아들여야 할까? 이상할 게 하나도 없다. 조주 선사는 있는 그대로 반응했을 뿐이다. 전 암주는 채 무르익지 않는 법력에서 주먹을 불끈 들어 보였으니 가소로웠을 뿐이고, 후 암주는 터질 듯 농익은 법력 상태에서 주먹을 들어 보였으므로 그 선기가 허공을 차고 넘친다.

　그러므로 선사의 칭찬세례가 가해진 것이다. 다시 말해 전 암주는 자신의 법력을 있는 그대로 보여주지 못하고 꾸몄다. 마치 크게 있는 것처럼 치장한 것이다. 반면 후 암주는 있는 그대로 꾸밈없이 자신의 법력을 드러냈다. 차이는 거기에 있었고 조주 선사는 그에 따라 자신의 반응을 보여준 것이다.

　우리나라에 요즘 외모 지상주의가 젊은이 사이에서 크게 번지고 있다. 유명연예인의 옷과 머리 모양 등을 따라 자신들의 외모 가꾸기가 유행된 것은 이미 오래전의 일이다. 예뻐지고 싶은 것은 인간 누구나 갖는 욕구다.

　한 통계기관의 자료에 따르면 우리나라 여성은 외모 가꾸기에 하루 평균 53분을 투자하고 있다고 한다. 또 하루 8.3회 거울을 보고 있으며 화장품의 종류는 기초화장을 포함해 7개가

넘는다고 밝혔다.

외모에 대한 인식도 남다르게 나타나고 있다.

우리나라 13~43세 여성의 68%가 "외모가 인생의 성패에 영향을 미친다."고 믿고 있으며 '부와 사회적 지위를 평가하는 기준의 절대 요소'로 받아들이고 있다는 분석을 제시하고 있다. 이에 따라 외모 지상주의로 불리는 '루키즘(Lookism)'이 대도시는 물론 지방에까지 확산하는 추세다.

이러한 외모 지상주의의 영향에 힘입어 성형외과 의사들이 이름을 날리고 있다. 사람들의 발길이 많은 전철의 대형 세움 간판과 웬만한 여성 월간지엔 성형을 유혹하는 병원과 의사의 광고로 넘쳐난다.

불교의 출가 수행자는 머리를 깎고 버려진 헝겊을 모아 물을 들여 꿰맨 옷을 입어야 한다. 이것이 삭발염의(削髮染衣)다. 엄격한 계율을 중시하는 출가승들에게 있어서 외모를 가꿀 여지란 없다. 출가 수행자가 머리를 깎는 데에는 두 가지 의미가 있다. 하나는 다른 종교의 출가 수행자와 모습을 다르게 하기 위함이요, 또 하나는 세속적 번뇌를 단절하기 위함이다.

삭발은 다른 말로 '체발(剃髮)' 또는 '낙발(落髮)'이라고 한다. 낙발은 세속적 번뇌의 소산인 일체의 장식을 떨쳐버린다는 의미에서 낙식(落飾)이라고도 부른다. 또 하나 출가 수행자에게

그물을 벗어난 금빛 물고기

있어서 머리를 무명초(無明草)라고도 부르는데 출가인이 머리 모양에 연연하는 것은 출가 의지를 흐리게 하고 무명을 증장시킨다 하여 이렇게 명명한 것이다.

그렇다면 삭발과 외모는 어떤 관계가 있는 것일까?

현대의 세속인이 하루 평균 53분을 외모 가꾸기에 투자하고 있다고 한다면 출가자는 그럴 시간에 자신보다는 남을 위해 봉사해야 한다는 의지의 표시로 삭발한다고 봐도 무방하다. 나아가 외모보다는 내적 성숙과 발전을 기해 불성(佛性)을 길러야 한다는 불가 전통의 엄숙한 가르침이라고 해도 틀리지 않는다. 삭발염의는 또 무엇보다도 평등성을 지향하는 출가공동체의 상징이기도 하다. 외모로 평가되지 않는 특징이라는 말이다.

조주 선사는 각기 다른 암자의 암주가 손을 들어 보이는 똑같은 응답을 했음에도 하나는 '미치지 못한다.'며 헐뜯고 또 다른 하나에 대해선 극찬했다. 왜 그랬을까? 원인은 꾸밈에 있었다. '물이 얕아 배가 머물 수 없다.'며 수모당한 암주는 남에게 잘 보이기 위한 치장을 했다.

치장은 번뇌에 해당하며 자신을 속박하는 행위에 지나지 않는다. 반면 '능통 능란하고 살활자재하다'며 칭찬받은 암주는 있는 그대로의 자신을 드러내 보였다. 인위적 힘을 빌려 외양을 가꾸지 않더라도 수행이 뛰어나므로 눈빛이 형형하다. 수행이 잘 된 스님은 삭발염의의 모습이지만 거기에서 남다른 자태가 빛으로 드러난다. 감히 범접할 수 없는 무게에 압도되면서도 수행자다운 면모에 외경심(畏敬心)을 발휘한다.

최근 우리나라에서 자폐인으로서는 최초 공식적으로 라이브 드로잉 작가로 등단한 한부열 씨가 주목받고 있다. 그가 작품성을 대중에게 인정받는 것은 단순히 자폐증에 대한 동정이 작용해서가 아니다.

그의 그림 소재는 일상의 경험들을 옮긴 것인데 작가의 꾸밈 없는 천진난만한 시선을 고스란히 작품 속에 투영하고 있기 때문이다. 그는 그림을 그릴 때 준비하거나 꾸미는 시간이 없다. 마음 내킬 때 주저 없이 있는 그대로 떠올린 영상을 화지 위에 옮긴다.

그는 1984년생이다. 2012년 그의 나이 29세 때 처음 붓을 잡았다고 하니 화력(畵歷)은 이제 겨우 8년 차다. 그런데도 그의 그림이 대중들에게 주목받고 있는 것은 꾸밈이 없는 천진난만함 때문이라고 한다.

과거 걸레 스님 중광이 꾸미지 않고 그려내는 그림을 선화(禪畵)라고 반겼던 것과 흡사하다. 한부열 작가가 더욱 대중들에게 주목받는 또 다른 이유는 아티스트로서만이 아니라 다른 이를 위한 베풂에도 있다.

그물을 벗어난 금빛 물고기

2014년 첫 개인전을 중국 홍십자(적십자) 100주년을 기념해 칭다오에서 한인 문화 큰잔치 초청전을 가졌는데, 이때 수익금 전액을 중국 심장병 어린이 두 명의 수술비로 기부했다. 가식과 꾸밈이 없는 그의 그림 활동이 이름을 더욱 빛내주고 있다.

세상에는 우연히 만들어지는 인생이란 없다.

과거 출가 수행자들이 온갖 어려운 환경에서도 구도심을 발휘해 선풍을 드날렸듯이 사람들에게 박수를 받는 삶의 이면에는 눈물과 고통을 이겨낸 역사가 숨어있다. 이런 이치가 무시되는 삶을 찾아보기란 어렵다. 따라서 녹슨 쇠그릇이 금 그릇처럼 보일 수는 없다. 부지런히 갈고 닦아 제련의 과정을 거쳐야 빛을 취할 수 있다.

내면의 나를 잘 가꿀 때 용모 또한 준수하게 틀을 갖추고 품격의 향기가 상대방을 압도할 것이다. 그러기 위해선 모든 꾸밈과 가장과 위선을 털어내고 진실한 마음을 찾아야 하겠다. 우리의 진정한 행복이란 외모 가꾸기에 있지 않다.

부처님 말씀대로 '마음 가꾸기'에 우리 노력을 투자한다면 행복한 삶은 결코 멀리 있지 않다. 지금 이 순간 행복함을 느끼고 싶다면 먼저 '마음 가꾸기'로 방식을 바꿔보길 권한다.

조주 선사는 120세까지 장수했다.

선사의 장수비결 역시 꾸밈이 없는 것에 있지 않나 싶다. 선사는 임종을 맞아 제자들에게 당부하길 "내가 죽은 후 화장한 다음 사리를 챙기지 말라. 이 몸이 헛된 것인데 사리가 어찌 나오겠는가. 이는 부질없는 일이다."라고 했다. 있는 그대로 솔직하게 다 보여주고 가신 대선사의 마지막 유훈에서도 진솔한 인간의 향내가 느껴진다.

04. 지켜주지 못해 미안합니다

남전 화상은 동당과 서당의 승려들이 고양이 새끼를 두고 서로 다투자, 그 고양이를 붙잡아 들고 말했다.

"내가 고양이를 집어 든 이유를 말한다면 살려줄 것이요, 그렇지 못하면 죽이겠다."

양당의 승려들 누구도 아무 말도 하지 못했다. 그러자 남전 화상은 고양이를 베어 버렸다. 밤늦게 조주가 외출에서 돌아오자 낮에 있었던 일을 들려주었다. 조주가 말없이 신발을 벗어 머리에 이고 나가자 남전 화상이 말했다.

"만약에 네가 있었다면 고양이 새끼는 죽지 않았을 것을!"•

– 『무문관』 제14칙

• 『무문관』 제14칙: 南泉和尚 因 東西兩堂 爭猫兒 泉乃提起云 大衆道得卽救 道不得卽斬却
也 衆無對 泉遂斬之 晩趙州外歸 泉擧似州 州乃脫履安頭上 而出 泉云 子若在卽救得猫兒

남전보원(南泉普願; 748~834) 화상은 마조도일(馬祖道一; 709~788) 선사의 법을 이었다. 서당지장(西堂智藏; 735~814)과 백장회해(百丈懷海; 749~814)와 함께 마조도일의 가장 뛰어난 3대 제자로 꼽혔다.

남전 화상의 속성은 왕(王) 씨이며 현 하남성 개봉부 신정현에서 태어났다. 10세 때 출가하여 대혜 선사를 찾아 수학하다 훗날 단양읍 마조도일 선사의 문하에 들어갔다. 스승의 강론이 있는 날이면 빠지지 않고 참청(參廳)했고, 곁에서 선수(禪修) 하기를 게을리하지 않았다. 화상의 나이 47세 때 남전산(南泉山)에 선원을 짓고 정주(定住)했다. 세상과 거리를 두고 살았으나 그의 법력을 흠모해 사방에서 1천 명 가까운 납자들이 몰려와 대산문(大山門)을 이루었다.

어느 날 동당과 서당의 제자들이 고양이 새끼 한 마리를 두고 서로 '우리 당의 고양이'라며 싸움을 벌이고 있었다. 이를 지켜보던 남전 화상이 고양이 새끼의 목을 번쩍 들어 올리고 한 손에 칼을 쥔 채 일갈했다.

"맞게 말하면 살려줄 것이요, 틀리게 말하면 즉시 목을 베어버리겠다."

대중 누구도 이에 대답하지 못했다.

화상은 주저 없이 고양이를 베어버렸다. 저녁이 되어서 외출

그물을 벗어난 금빛 물고기

했던 조주가 돌아오자 화상은 낮에 있었던 이 이야기를 들려주었다. 그러자 조주가 아무 말 없이 신발을 머리에 이고 나갔다. 이를 지켜본 화상이 "만약에 조주가 있었다면 고양이 새끼는 죽지 않았을 것"이라며 말했다는 게 이 공안의 내용이다.

그런데 여기에서 드는 의문이 하나 있다.

살생을 엄하게 금하는 불문에서 스승이 제자들이 지켜보는 가운데 고양이 새끼를 참수하는 살생을 저질렀으니 이를 어떻게 해석해야 할까? 혹자들은 고양이 새끼를 단박에 참수함으로써 시시비비에 빠진 제자들의 분별심을 타파하려는 스승의 엄중한 가르침이라는 해석을 내놓는다.

틀린 말은 아닐 것이다. 고양이 새끼의 죽음을 눈앞에서 지켜봐야 했던 제자들은 '우리 당의 고양이'라며 싸웠던 자신들의 행동을 후회했을 터이고, 고양이를 지켜주지 못한 자신들의 부족한 수행력에 자괴감이 들어 눈물을 흘렸을 터이다.

파격(破格)과 역설(逆說)을 가풍으로 삼는 선문에서 살생이란 깨달음으로 이끌기 위한 하나의 방편일 뿐이다. 이 공안에서 살생을 저지른 이는 남전 화상이 아니다. 여전히 미망과 망상에 빠져 치열한 수행을 등한시하고 있던 양당의 제자들이 공업(共業)의 살생자다. 그들은 고양이 새끼를 죽음으로부터 지켜주지 못했다.

신발을 머리에 이고 아무 말 없이 나가는 조주를 보며 남전 화상은 "조주가 그 자리에 있었더라면 고양이 새끼는 죽지 않았을 것이다."라고 말한다. 남전 화상은 조주의 수행이 무르익었음을 인정하고 있는 대목이다. 신발을 머리에 이고 나가는 행동이 어떤 메시지를 담고 있는 것인지 필자는 모른다.

분명한 건 남전 화상은 조주의 행동을 칭찬하고 있다는 점이다. 그 행동은 평소 수행을 얼마나 치열하게 해왔는지에 대한 결과라 할 수 있다. 이를 남전 화상은 정확히 읽고 있다. 다른 제자들이 조주처럼 수행의 경지를 이루고 있었다고 한다면 고양이 새끼의 죽음을 말릴 수 있었으리라.

과거 세간에 '지못미'라는 젊은이들 사이에 쓰이는 말이 있었다. '지켜주지 못해 미안하다'는 말의 압축된 표현이다.

실제로 지켜주지 못해 미안한 사례는 우리의 역사에서도 찾을 수 있다. 대표적인 것이 '화냥년'이라는 비속어다. '화냥년'은 본래 '환향녀(還鄕女)'에서 유래된 것으로 '고향에 돌아온 아녀자'를 일컫는 말이다.

그러나 본뜻을 헐뜯고 왜곡해서 '함부로 몸을 놀리는 여자'로 변질시켰다. 원인은 나라를 지키지 못한 왕실과 위정자들에게 있었다.

그물을 벗어난 금빛 물고기

서기 1636년 우리나라를 치고 들어 온 청나라로 인해 병자호란이 일어났지만, 우리 땅을 지키지 못한 당시 조선은 처녀와 아낙 등 수천 명을 인질로 내줘야 했다. 그 후, 인조 13년 청나라에 끌려갔던 아녀자들이 돌아온다. 고향 땅을 밟는 이들을 '환향녀'라 부르는 것은 당연했다.

그러나 일부 조정 대신과 남성들은 그녀들을 따스하게 받아들이지 않고 '몸을 팔고 온' 기생 정도로 여겨 도성 땅을 밟는 입구에서 단체로 몸을 씻게 하는 등 마치 속죄라도 하라는 양 파렴치한 행태를 보였다.

사정은 일본강점기 때도 마찬가지였다. 나라를 지키지 못해 벌어진 사안 중의 하나가 위안부 사건이다. 나라를 지켜내지 못한 대가는 국민이 감당해야 할 몫이다. 위안부는 나라 잃은 설움과 비애를 상징한다. 그런데도 당사자들에게 손가락질하고 책임을 전가하는 일부 국민의 의식과 행태를 보고 있자면 화가 난다.

'지못미'는 우리의 역사에서 숱하게 반성하고 바로잡아야 할 과제를 시사해주고 있다. 자신의 잘못이 무엇인지 모른 체 남에게 손가락질하고 수모와 냉대를 일삼는 행태는 지탄받아 마땅하다.

살생을 죄 중 으뜸으로 치는 불가에서 남전 화상이 고양이의 목을 벤 것은 무엇을 말하려 하는 것일까? 여기에 고양이의 목숨을 지켜주지 못한 양당의 승려들은 무엇을 말하지 못한 것일까?

공안은 파격과 역설의 언어다. 도를 구하는 문턱에서 자비심을 논하는 따위란 없다. 남전 화상이 양당의 승려에게 말하려는 메시지는 갑론을박의 시비를 고양이의 목을 베는 것으로 보여주고 있다. 그럼으로써 고양이를 지켜주지 못한 양당 승려의 허약한 법력을 질책하고 있다.

우리 주변에는 내가 지켜줘야 할 수많은 요소와 상황들이 놓여 있다. 그런데도 꼭 지켜줘야 할 것을 내 나약함과 어리석음과 비겁함으로 말미암아 결국 잃게 되는 경우가 허다하다. 아무리 사소한 것이라 할지라도 지켜줘야 할 것이 있다면 사력을 다해 지켜주는 것이 참된 도리다. 부모가 자식을 지켜주지 못하고 스승이 제자를 지켜주지 못하며 사장이 직원들을 지켜주지 못하면 사회의 일탈과 불화가 가중될 수밖에 없다.

이런 얘기를 할 때 떠오르는 작가가 있다. 현대문학의 거장 공초(空超) 오상순(1894~1963)이다.

그에게 이런 일화가 전해오고 있다. 공초가 대구시 북구 덕산동에 살 때 친구들에게 자기 딸이 죽었다는 부고장을 돌렸다.

그물을 벗어난 금빛 물고기

딸이 없는데 딸이 죽었다니 친구들은 의아해하며 공초의 집으로 달려갔다. 공초는 병풍을 둘러치고 곡을 하는데 영락없이 초상집이었다.

그러나 사연인즉 평소 그가 딸처럼 애지중지 키우던 '안나'라는 이름의 고양이가 죽은 것이다. 친구들은 어처구니가 없어 욕이라도 퍼부어 주고 싶었으나 끝까지 지켜주지 못하고 떠나보내는 애절한 마음이 담긴 장문의 제문을 엄숙하게 낭독하는 공초의 모습에서 화가 눈 녹듯 사라졌다.

더욱이 공초는 고양이를 관에 넣고 대명동 공동묘지로 가 무덤까지 만들어 묻어 주었으니 이것이 당시 문단에 화제가 되었다. 문단의 지인들은 이 일화를 빗대 '공초묘장(空超描葬)'이라 이름했다.

지켜준다는 것은 이렇게 간절한 마음이 담긴 것이다. 우정과 사랑에 금이 간다는 것은 지켜줘야 할 것을 지켜주지 못했기 때문이다. 한낱 볼품없는 것인데도 억대를 지급하며 지켜내는 것은 잃어버리면 억대를 뛰어넘는 후회가 기다리고 있기 때문일 것이다.

세상에는 지켜주지 못해 미안한 일들이 다반사로 일어난다.

2014년 4월 16일 발생한 세월호 사건은 지금도 국민의 가슴을 먹먹하게 한다. 진정으로 우리가 소중한 사람, 소중한 가치를 지켜주기 위해선 본분과 원칙에 충실해야 한다. 본분을 저버리고 원칙을 깨버리면 우리를 분노케 하거나 주체할 수 없는 슬픔을 안겨주는 사건들이 언제 어느 곳에서 발생할지 모른다.

만일 양당의 승려들이 수행 본분에 전념하고 출가자가 지녀야 할 화합중(和合衆)의 원칙을 깨지 않았다면 고양이 새끼는 죽음으로부터 지켜질 수 있었을 것이다. 이처럼 본의 아니게 지켜주지 못해 벌어지는 안타까운 일들이 없도록 경각심을 가져야 할 일이다. 다시는 우리 사회에서 나와서는 안 될 말이다.

"지켜주지 못해 미안합니다."

그물을 벗어난 금빛 물고기

05. 사람에 의지 말고 뜻에 따라야!

약산 화상이 오랫동안 법좌에 오르지 않자 원주(院主)가 말했다.

"대중들이 스님의 가르침을 간절히 원하고 있습니다. 화상께서는 대중을 위해 설법해주시기 바랍니다."

이 말을 듣고 약산이 종을 치게 하니 대중들이 사방에서 모여들었다.

약산은 승좌하여 말없이 있다가 곧 자리에서 내려와 방장실로 돌아갔다. 원주가 뒤를 따라와 물었다.

"화상께서는 대중을 위해 법을 설하실 것을 마침내 허락하셨으면서 왜 한 말씀도 하지 않으셨습니까?"

화상이 답했다.

"원주야, 경에는 경사가 있고 논에는 논사가 있거늘 어찌하여 날

이상하게 여기는가?"●

약산유엄(藥山惟儼; 751~834) 선사의 속성은 한(韓) 씨로 산서
성 봉주에서 태어났다. 그의 나이 17세 때 인생의 무상함을 절
감하고 출가하여 서산혜조(西山慧照) 율사의 제자가 되었다. 처
음 율종에 귀의한 것과 달리 그는 경론을 깊이 연구하여 교학
승으로서 명성을 크게 떨쳤는데 궁극엔 선문으로 전향하였다.
그리하여 석두희천(石頭希遷; 700~790) 선사를 찾아 법요(法要)
를 구했으며 마조도일(馬祖道一; 709~788)을 추천받아 그에게
가서 3년을 공부한 후 다시 석두 선사에게 돌아와 제자로서의
인연을 맺었다.

처음 경론에서 선으로 전향해 깨달음을 체득한 약산은 그러
나 평상시에도 경을 쉼 없이 탐독했다. 그러면서도 제자들에겐
불경을 보는 것을 엄하게 금하였다. 문자나 언어가 미혹의 씨
앗이 될 수 있다는 이유에서였다.

이런 그가 오랫동안 대중설법을 하지 않고 있자 어느 날 원주
가 대중의 뜻을 물어 상당 법문하기를 청하였다. 그러자 약산

●『종용록(從容錄)』제7칙; 擧 藥山久不陞座. 院主白云. 大衆久思示誨. 請和尙爲衆說法. 山
令打鐘. 衆方集. 山陞座良久便下座歸方丈. 主隨後問. 和尙適來許爲衆說法. 云何不垂一
言. 山云. 經有經師. 論有論師. 爭怪得老僧.

148   그물을 벗어난 금빛 물고기

이 대종(大鐘)을 쳐서 대중을 운집하라며 상당 법문을 수락했다.

대중이 큰 법당에 모여 선사의 법문을 기다렸다. 선사는 법상에 올라 한동안 침묵했다. 그리곤 이내 법상을 내려와 방장실로 돌아갔다. 대중이 모두 의아해할 수밖에 없었고 원주는 방장실로 따라 들어가 선사에게 따지듯 물었다.

"설법하실 것을 허락해 대중을 모았는데 왜 한 말씀도 하지 않고 그냥 내려왔느냐?"는 원주의 물음에 선사는 "경에는 경의 스승이 있고, 논에는 논의 스승이 있고, 율법에는 율법의 스승이 있는데 나더러 어찌하라는 것이냐?"며 도리어 원주를 힐책하고 있는 것이 이 공안의 내용이다.

실제 출가자들이 얻고자 하는 진리는 경율론(經律論)에 다 있다. 그런데 평소의 약산은 제자들에게 불경을 보는 것을 엄격하게 금지했다. 그리곤 가르침을 청하는 제자들에게 '경의 스승', '논의 스승' 운운하며 설법하지 않는 자신을 이상한 사람 만들지 말라고 일침을 놓고 있다. 도대체 무엇을 말씀하고 있는지 쉽게 이해하기 어렵다.

그런데 하나 분명한 것은 있다.

당신이 법상에서 어떠한 내용의 상당 법문을 하든 그것은 모두 경율론 속에 다 들어 있다는 것이다. 그렇다면 약산 선사가 이 공안을 통해 가르침을 주고 있는 것은 사람에게 기대지 말고 스스로 그 진리를 체득하라는 메시지가 아닐까?

진리를 체득할 힘은 곧 치열한 수행 정진에 있음은 당연하다.

선사가 말하고자 하는 이 요지는 『대지도론(大智度論)』에도 등장한다. 의법불의인(依法不依人), 의의불의어(依義不依語), 의지불의식(依智不依識), 의요의경 불의불요의경(依了義經 不依不了義經)이 바로 그것이다.

차례대로 해석하면 법에 의지하되 사람에 의지하지 말라, 부처님이 말씀하시는 진리에 의지하되 말에 의지하지 말라, 지혜에 의지하되 알음알이에 의지하지 말라, 진실한 부처님 말씀에 의지하되 삿된 경전에 의지하지 말라는 가르침이다.

약산 선사는 상당 법문에서 양구(良久; 오랜 침묵)를 통해 이 메시지를 대중들에게 던져주고 있다. 사람에게 의지하고 말에 의지하며, 알음알이에 천착하고 삿된 가르침에 빠지게 되면 패가망신의 지름길이 된다.

인류사회는 대부분 인간관계를 특성으로 이루어지고 있다. 따라서 사람에 기대지 않고 살기란 쉽지 않다. 이러한 정서가 반영돼서일까? 최근 검찰 총수에 오른 한 인사가 과거 "난 사람에게 충성하지 않는다."라는 말이 국민에게 적극 호응을 받는 상황이다.

그물을 벗어난 금빛 물고기

『대지도론』의 가르침처럼 사람에게 기대지 않고 뜻[진리]에 부합하려면 나아가고 물러서야 하는 때를 잘 살펴야 한다. 나아가고 물러서야 하는 때를 모르는 사람은 진리와는 거리가 멀다. 즉 진리에 부합하는 사람은 어느 때 나아가고 어느 때 물러서야 하는지를 잘 안다. 이를 잘 아는 사람은 대중들로부터 존경받지만 모르는 이는 야유와 비난을 피해갈 수 없다.

소설가 요산(樂山) 김정한(1908~1996) 선생은 항일문학(抗日文學)을 말할 때 빠뜨릴 수 없는 대표적 인물로 꼽힌다. 그는 1936년 부산 범어사를 배경으로 한 소설 〈사하촌(寺下村)〉이 조선일보 신춘문예에 당선돼 문단에 나왔다.

〈사하촌〉은 '지렁이도 밟히면 꿈틀거린다.'는 민중의식을 품고 있는 작품으로 일제의 잔혹한 수탈과 이에 적극적으로 동조하는 식민지 시대의 범어사를 비판적으로 묘사하고 있다. 그는 이 작품 때문에 격분한 일본 경찰과 불상의 친일파 앞잡이들에게 불의의 습격을 받기도 했다.

이후 꾸준히 작품 활동을 전개하던 그는 1940년 돌연 절필(絶筆) 선언을 한다. 표면적 이유는 동아일보의 강제폐간이었지만 악랄하게 우리 민족에 대한 탄압을 강화하는 일본 군국주의에 항거하는 또 다른 방법의 선택이었다. 민족진영의 작가들이 어쩔 수 없이 친일로 돌아설 수밖에 없었던 것도 악랄한 탄압이 극점(極點)을 향해 치닫고 있던 때였다.

그러다가 1945년 해방을 맞았고 그는 부산대학교에 재직하면서 후학양성에 매진하고 있었다. 그가 1966년 〈모래톱 이야기〉로 문단에 다시 복귀한 데에는 해방되었음에도 권력자의 횡포가 여전히 이루어지고 있었기 때문이다. 일제치하에서 일본에 아부하고 빌붙어 목숨을 부지하던 인사가 해방되고 나서 민족의 지도자로 부상하더니 급기야 민중의 재산마저 약탈하는 모습을 방관만 하고 있을 수 없었다.

〈모래톱 이야기〉는 엄밀히 말하면 고발소설이다. 일본강점기의 수탈이 해방된 이후에도 지속하고 있는 현장 고발이다. 유력자의 앞잡이가 농민들을 억압하고 폭행하면서 한 섬이 통째로 유력자의 소유로 바뀌고 소외지대에 사는 서민의 처참한 삶은 광복 후에도 나아진 게 없다고 이 소설은 고발하고 있다.

요산 김정한 선생은 나아가고 물러나야 할 때가 언제인지를 그의 인생을 통해 보여준 인물이다. 그는 나아가고 물러나야 할 때를 알고 있었기 때문에 변절 또는 배신의 굴곡진 삶을 피할 수 있었다. 아니 오히려 한결같은 길을 걸을 수 있었다는 표현이 정확하다 하겠다.

그는 부산에 거처하고 있었지만 여여한 그의 삶을 흠모하는 문단의 사람들은 늘 그와 함께 하는 걸 자부심으로 여겼다. 따

그물을 벗어난 금빛 물고기

라서 민주화를 열망하던 1970년대엔 자유실천문인협의회 고문으로 활동하였고 1987년도엔 민족문학작가회의 초대의장으로 추대되기도 했다. 정치권의 유혹도 있었으나 명예와 권력에 사심이 없었던 그는 언제나 나아가고 물러나는 일에 있어서 자유자재했다. 요산은 때를 잘 알았다. 대중이 원한다고 해서 나아가는 것이 아니라 대중의 이익이 있다면 나아감을 선택했다.

조선 성리학의 기틀을 세운 대학자 퇴계 이 황도 나아가고 물러섬을 반복한 인물이다. 단지 조선왕조라는 제도적 틀 속에서 타의(他意)에 의지해 출입을 반복했다는 점이 요산과 다르다. 1543년 퇴계의 나이 마흔세 살 때, 성균관 대사성 직을 사퇴하는 것을 계기로 벼슬을 거절하는 사직의 연속이 시작된다. 그럴 때마다 왕은 퇴계를 부르고 퇴계는 왕의 소환에 못 이겨 관직에 불려 나아갔다.

그는 쉰여덟이 되던 해 아예 벼슬을 내리지 말아 달라는 '치사소(致仕疏)'를 올리기도 했다. 왜 그렇게 퇴계는 벼슬을 멀리하려 했을까? 부패와 타락으로 현실정치가 구렁텅이에 빠질 때 그는 벼슬을 살면서 욕을 먹느니 초야에서 학문에 몰두해 조선 미래의 자양분을 길러내야 한다는 생각을 하고 있었다. 실제로 퇴계의 연구 업적은 나이 쉰 이후에 이뤄진 게 대부분이다.

자신의 나아가고 물러서는 때를 잘 알아 처신하는 사람은 성 공적인 인생을 산다.

요산과 퇴계는 사람에 의지하지 않고 뜻을 따랐던 인물들이 다. 그 뜻에 따라 자신들의 나아가고 물러서야 하는 때를 또한 잘 알았다.

경과 율과 논서에 모든 진리가 들어 있다. 그러나 이를 다른 사람이 찾아줄 수는 없다. 오롯이 당사자의 몫이다. 약산 선사 가 법상에 올라 침묵한 이유다.

06. 낙오하지 않는 인생

어떤 스님이 조주 화상에게 물었다.

"소문을 들으니 화상께선 저 유명한 남전 화상을 친견하고 그 법을 이은 제자라는데 과연 그렇습니까?"

이에 조주 화상이 답했다.

"진주에서는 꽤 큰 무가 나오지!"●

— 『벽암록(碧巖錄)』 제30칙

『조선불교통사(朝鮮佛敎通史)』에 의하면 "한국의 선승들은 조주의 무자화두를 화두 중의 제일로 여기고 있다."●라고 할 만큼 조주 선사는 한국불교의 선문에서 매우 유명하다. 『경덕전등

● 『벽암록(碧巖錄)』 제30칙: 擧 僧問趙州, 承聞和尙親見南泉, 是否. 州云, 鎭州出大蘿蔔頭.
● 海東僧侶 以趙州無字 爲話頭之王

록』등 문헌에 전하는 선사의 속성은 학(郝) 씨이고 중국 산동성 조주부에서 태어났다.

어린 나이에 부모의 슬하를 떠나 고향의 용여사에 출가하였고 숭산 소림사의 유리계단에서 수계 득도하였다고 전한다. 수계한 후, 주로 경(經)과 율문(律文)을 공부하다가 남전산에 있는 남전보원(南泉普願; 748~834) 선사의 명성을 듣고 찾아가 제자가 되었다.

조주 선사는 남전의 법을 이어받고 한 곳에 정주(定住)하지 않은 채 전국을 돌며 여러 대덕들을 만나 대법(對法)을 즐겼다. 그가 조주성의 관음원(觀音院)에 짐을 풀고 후학을 제접한 것은 나이 80세 때였다.

이 공안은 그가 관음원에 주석하고 있을 때 이루어진 것이다. 한 스님이 조주 선사에게 그 유명한 남전보원 선사의 문하에서 직접 선사를 뵙고 법을 이어받은 게 사실이냐고 묻는 내용이다. 이에 선사는 '그렇다.' 또는 '아니다.'라는 직접적인 답변 대신 "진주에서는 큰 무가 나오지!"라는 일상적인 화법으로 대응하고 있다.

진주는 관음원에서 얼마 떨어지지 않은 도시로 무로 유명하다. 얘기인즉슨 조주 선사에게 묻는 스님의 관심은 남전보원이 아니라 주조 선사에게 있다. 당신이 남전에게 법을 이어받을 정도로 큰스님이냐는 것을 확인해보고 싶었다. 이에 조주 선사는 "진주에서는 큰 무가 나오지!"라고 응대하는 장면이다.

명장 밑에 오합지졸은 없다.

훌륭한 명장은 어느 상황에서라도 허둥대지 않도록 병사들을 잘 조련한다. 지략과 계책이 이미 병사들의 몸에 잘 훈습돼 있으니 명장의 지도력은 언제나 빛을 발한다. 조주 선사는 당신이 어떤 인물이라는 걸 '진주에서 나오는 큰 무'로 빗대 표현하고 있다. 즉 진주에서 나는 큰 무처럼 남전보원의 제자들이 대부분 큰 선승들이라는 의미다.

누구에게 사사 받았느냐 하는 것은 매우 중요한 의미를 띤다. 스승의 인품과 사상이 후대의 가풍을 이루기 때문이다. 조주 선사는 이를 '진주의 큰 무'로 비유해 이해를 돕고 있다. 진주의 큰 무라고 하면 지역의 유명한 특산물이다. 상품가치가 커 누구나 신뢰한다. 굳이 현물을 보지 않고서도 사는 것이 지역의 유명한 특산물이다.

우리나라에도 지방마다 특산물이 있다.

유명한 것을 골라 몇 개 열거하자면 대구는 사과, 하동은 재첩, 성주는 참외, 제주는 귤, 보성은 녹차, 울릉도는 오징어, 영천은 포도, 영덕은 대게, 옥천은 율무, 금산은 인삼, 예산은 사과, 천안은 호두, 상주는 곶감, 영광은 굴비, 나주는 배, 평창은

메밀, 철원은 감자, 무주는 머루 등이다.

각 지역의 특산물은 다른 지역에 비해 품질이 뛰어나다. 품질이 뛰어나므로 소비자들은 믿고 산다. 신뢰가 형성된다는 것이다.

특산물이란 그 지역의 지질, 온도, 환경, 재배기술 등 여러 요인이 그 특산물을 생산해 내는 데 매우 적합하여 오랜 기간 사람들에게 인증되어 왔다는 공통점이 있다. 만일 금산의 인삼이 다른 지역의 인삼에 비해 약효가 덜하다면 특산물의 자격을 잃게 될 것은 뻔한 이치다. 나주의 배가 다른 보통 지역에서 생산된 배보다 맛과 신선도와 크기가 미치지 못하다면 나주 배는 사람들의 기억 속에서 오래지 않아 사라질 것이다. 그러나 여전히 각 지역의 특산물이 사람들에게 특별한 인기 속에 팔려나가고 있는 것은 그 오랜 역사를 거치며 알려 온 명품의 가치를 유지하고 있기 때문이다.

물론 특산물이라고 해서 다 똑같지는 않다.

개중에는 품질이 현격히 떨어지는 것도 있다. 그렇다면 똑같은 환경과 지질에서 생산된 것인데 품질이 떨어지는 이유는 무엇일까? 몸 안에 병을 가지고 있어서 그렇다. 자기 주도로 신진대사도 해야 하는데 그렇지 못해 얼간이가 되고 마는 경우다. 햇빛을 받아도 자기 것으로 만들 수 없는 병을 갖고 있으면 결국 실패작으로 끝나고 만다.

사람도 마찬가지다.

주위의 기대를 한몸에 받고 공부하던 사람이 나중에 보니 '쭉 정이' 신세로 전락해 실망을 던져주는 것이다. 승승장구할 것 같던 사람이 어느 날 예기치 않은 사건에 연루돼 무대 뒤편으로 사라지는 것을 우리는 심심치 않게 봐 왔다. 특산물 가운데서도 명품으로 서야 할 존재가 힘없이 나락으로 떨어져 버린다면 기울였던 공이 얼마나 허탈할 것인가? 하물며 인간에게 일어나는 이러한 충격은 결코 가볍게 와 닿지 않는다.

조주 화상은 '진주에 꽤 큰 무가 나오지!'라는 말로 선불장(選佛場)의 종가임을 확인시켜 주고 있다. 그러므로 질문하는 스님에게 게으르지 말고 정진하여 부처가 될 것을 경책 한다. 다만 아무리 이름난 특산지역이라 하더라도 다 명품을 배출하는 것이 아니듯 기대에 저버리지 말고 열심히 정진하라는 암시를 주고 있다.

기대를 저버리는 결과는 따지고 보면 자만(自慢)과 아집(我執)이 원인이라 할 수 있다. 가르침을 순리대로 따르지 않고 독선적으로 아집에 갇혀 자기를 그릇되게 하는 행위가 결국 명품으로 크지 못하고 중도에 나락으로 떨어지게 된다. 마치 햇빛의 따가움이 싫다고 가지 밑에 숨어 있다가 결국 하품(下品)으로 전락하는 특산물의 신세와 비슷하다.

  그렇다면 낙오하지 않는 삶을 위해 필요한 것은 무엇일까?

  물론 자만과 아집은 개인의 문제다. 개인의 문제를 극복한다고 해서 낙오가 발생하지 말란 법은 없다. 인간이란 본디 사회적 관계망 속에서 성과 패가 갈라질 뿐 아니라 구조적인 낙오의 쓴맛도 보기 때문이다.

  이런 점에서 핀란드의 교육현장을 주목할 필요가 있다. 최근 서점가에 나온 『핀란드의 끝없는 도전』(파시 살베르그 지음, 푸른숲)은 우리에게 시사하는 바가 크다. 핀란드는 오래전부터 교육현장에 혁신과 창의, 협업이라는 철학을 반영하는 것으로 낙오자를 만들지 않는 교육을 펼쳐왔다.

  1990년대 초 핀란드는 실업률이 20%에 이르고 가장 극심한 경기침체를 겪었다. 학생들의 세계 학업성취도는 중위권에 머물러 누구 하나 주목하는 사람이 없었다. 타개책이 필요하다는 여론이 비등하자 핀란드 교육부는 네트워크 설비 및 통신제조업체인 노키아 등 기업까지 포괄하는 특별위원회를 구성했다. 특위는 다음과 같은 사항을 교육부에 요구했다.

  "수학이나 물리학을 모르는 젊은이를 채용하는 것은 문제 되지 않는다. 하지만 다른 사람들과 함께 일하는 법을 모르는 사람, 실수하는 게 무서워 독창적 아이디어를 내놓을 줄 모르는 사람을 채용하면 우리가 할 수 있는 것은 아무것도 없다. 무엇보다 창의력과 열린 마음을 없애서는 안 된다."

핀란드는 이 말에 귀 기울였다. 지금은 학교 시험을 일절 치르지 않고 숙제도 거의 없다. 그런데도 해마다 전 세계 학업성취도 평가(PISA)에서 수위권을 달리고 있다. 이 같은 사실은 핀란드의 교육개혁 보고서를 토대로 헬싱키의 한 중학교에서 수학과 물리를 가르친 현직 교사 출신으로 세계은행의 교육전문가로 일하고 있는 파시 살베르그가 책을 펴내 알려졌다.

핀란드에서는 학교 건물을 지을 때 교사들이 참여해 학생들의 존중감과 행복감을 느낄 수 있도록 설계한다고 한다. '다른 사람과 협력하여 문제를 해결하는 능력'을 키워주는 이 같은 핀란드의 교육철학은 낙오자를 만들지 않는 사회교육문화를 형성한다는 점에서 아주 효과적이라고 평가받고 있다.

우리가 주위의 기대를 저버리지 않고 낙오하지 않는 삶을 살기 위해서는 다른 게 없다. 사회적 관계망에 따른 협업과 독창적인 의식의 발전을 기하는 것이다. 현 사회는 미디어와 통신 기술의 발달로 다른 사람들과 함께 보내는 시간이 줄어들었다. 따라서 다른 사람들과의 교감 능력 또한 떨어지고 있다. 이러한 시대에 필요한 철학이 '다른 사람과 협력하여 문제를 해결하는 능력'이 아닐까?

　이것이 또 세상의 가르침을 거스르지 않는 시대 철학이 아닐까 생각한다. 그런 점에서 승가 공동체가 주는 교훈을 되새겨보는 것도 필요할 것이다. 진주에서 큰 무가 나듯이 불교계에서도 조주 종심과 같은 대종장들이 무수히 배출되길 기대해 본다.

그물을 벗어난 금빛 물고기

법고를 두드리며

_ 칼럼 모음집

도는 출세 간에만 있는 게 아니다. 세속에서도 도가 충만해야 건강한 사회를 유지할 수 있다.
도는 이치이며 상식이고 서로가 지켜야 할 상의상관(相依相關)의 틀이다.
이것이 지켜지지 않으면 불신과 반목이 팽배해진다.
그럴 때 서로의 문이 굳건히 닫히고 소통이 이루어지지 않는다.
그러므로 너와 나의 벽을 허물 때 행복으로 나아가는 문이 열린다.
칼럼은 이것을 일깨우는 메시지다.

1. 부처님께 다가서기

01. 주술(呪術)에서 합리로

개신교 장로였던 김영삼 전 대통령부터 문재인 대통령에 이르기까지 정부 인사와 관련하여 항상 종교문제가 도마에 오르곤 한다. 새 정부 출범 때마다 장·차관 및 청와대 내 주요 소임자의 종교가 불교계의 신경을 적잖이 곤두세우게 하는 모양이다.

특히 입각 인사 중 특정인이 골수 개신교인일 경우 불교계의 강력한 반발을 사고 있는 것은 어제, 오늘의 일이 아니다. 이는 특정인의 종교성향이 강하면 강할수록 정부정책에도 영향을 미치고 있기 때문이다.

실제로 박근혜 대통령은 취임 직후 조각에서 '대표적 공안통'
으로 불리는 독실한 개신교도인 황교안을 법무부 장관에 앉혔
다. 황교안은 2010년 12월 여주에 개설한 첫 종교단체 운영의
주체인(소망교도소) '아가페재단' 이사로 활약한 인물이다.

그는 "재범률을 낮추기 위해선 모든 재소자를 복음으로 인도
해야 한다."라고 주장한다. 이명박 정부 출범 때 새누리당 황우
여 대표가 대법관을 중심으로 한 법조인 조찬기도회에서 "모든
대법관을 하나님의 종으로 꾸려야 한다."라는 발언으로 물의를
일으켰듯 황교안도 다문화 다종교 사회에서 법무 수장이 해야
할 말로선 부적절했다. 이에 종교 편향 정책에 진저리를 내는
불교계로선 황교안에 대한 법무부 장관 인선에 극도의 불만을
표시했었다.

그러나 정부의 인사 때마다 불교계가 매번 종교문제로 불만
을 제기하는 것이 과연 온당한 것인지는 냉철한 점검이 필요하
다. 무조건 부정적 언사를 앞세워 핏대를 올리고 푸념하는 것
은 주술(呪術)에 가깝다. 먼저 짚고 넘어가야 할 대목 하나를 살
펴보자.

소망교도소와 관련된 민영교도소의 시작은 1980년대 개신
교에서 먼저 군불을 지폈다. 90년대 들어와 개신교는 설치준비
위를 구성하는 등 적극적으로 나섰고 불교계는 '안 돼', '안 돼'

라고 부정적인 견해만 고수했다. 개신교가 정부를 상대로 물밑 교섭을 벌일 때 교계는 제할 일 다 한 듯 입을 봉하고 있었다.

결국, 정부의 승인이 떨어져 여주에 소망교도소가 들어서자 불교계는 언제 그런 일이 있었냐는 듯 침묵했다. 한 마디로 '떼 쓰기'에 불과했다.

두 번째, 짚고 넘어갈 대목으로는 불교인사의 활용법이다. 개 신교가 범 교파 차원의 교회 사업에 정·관·재(政·官·財) 계의 기 독교계 인사를 하나로 묶어 활용하고 있는 데 반해 불교계는 특정 인사를 지목해 개인적 · 지엽적 · 국한적인 사업에 투입하 는 특징을 보인다. 한마디로 친분에 따른 원시적 활용법이 주 류를 이룬다. 중앙 및 교구에 국고보조금을 얼마나 따내 주느 냐가 능력의 평가다. 또 개신교를 비롯한 유력한 이웃 종교들 이 먼 미래를 내다보고 지도자급 인재양성의 시스템을 활용하 고 있는 현실에 비추어 교계는 '당장 먹기엔 곶감이 달다'고 비 위 맞추는 인사 배치가 우선이다. 불교방송과 종립 동국대학교 가 툭하면 대립하고 갈등하는 이유를 사실 냉정히 분석해보면 비효율적 인사 활용에 원인이 있다. 자기네들 입맛에 따라 골 라놓고 불만을 제기하면 '모독이다', '음모다' 라고 갖다 붙이는 일이 태반이다.

어쨌든 중요한 사실은 정부 인사에 있어서 특정인의 종교가 시비 대상이 될 수 없다는 것이다. 다만 자신의 종교성향에 따라 재임 중 종교 편향을 유발하거나 특정 종교에 유리한 정책을 입안한다면 응당 책임을 물어야 하는 것은 당연하다.

과거 원시종교는 어떤 사안을 해결하려면 주술에 의지했다. 우리 교계가 이웃 종교와의 경쟁과 신경전을 전개하면서 매번 '안 된다'라고 제동을 거는 것도 따지고 보면 주술에 가깝다. 이것은 '개신교'라고 다르지 않다. 어떤 땐 더 극성이다. 정부가 불교계에 템플스테이 예산을 책정하자 그렇게 핏대를 올리는 걸 보면 당장 치유가 시급한 주술 병에 걸린 게 아닌가 싶을 정도이다.

이런 걸 보면 실제로 주술에서 헤어 나와야 할 대상은 종교계다. 우리나라 종교계는 지금 주술 콤플렉스에 빠져있다고 봐도 무리는 아니다. 개신교계는 성시화 운동을 통해 기독교 제국을 허황하게 꿈꾸고 있고, 불교는 퓨전화로 문화제국을 건설하고 있는 중이다. 퓨전(Fusion)의 사전적 의미는 융해, 융, 융합 등의 뜻이 있다.

불교의 퓨전화는 이미 수십 년 전부터 진행해 오고 있다는 게 필자의 견해다. 그러므로 사찰에서도 여러 가지 문화를 동시에 만끽할 수 있는 복합문화공간이 늘어나는 추세다. 문제는 불교

　　　　　　　　　　그물을 벗어난 금빛 물고기

의 정체성이 혼란을 빚고 있다는 점이다. "팔만대장경 전권보다 한 마리의 개를 태운 우주 차량이 더 심오한 것일지도 모른다."에 답할 수 있는 근본불교의 가치가 무뎌지고 있다는 것이다.

우리는 지금 현세적 주술에 의지하므로 지금 당장 열쇠가 풀리느냐, 아니냐에 승부를 걸고 있다. 그런데 중요한 것은 세상의 문제는 지금 당장 빗장에 놓여 있지 않다는 것이다. 마찬가지로 누구의 종교가 세상을 좌우하지는 않을 것이란 얘기다.

모든 문제는 합리성에 기인해 풀어야 한다. 주술로써 빗장을 풀 수 있다는 기대는 접어야 옳다. 브루스 윌리스(Walter Bruce Willis; 1955~) 주연인 최고의 액션영화 중 하나인 〈다이하드〉를 보노라면 주술의 영화에 가깝다. 보는 순간엔 0.01초 사이에 이루어지는 숨 막히는 위기 돌파상황이 손에 땀을 쥐게 하지만, 보고 나면 그처럼 허망한 영화도 없다.

차라리 백남준의 비디오 예술이 더 충격적이다. 그는 퍼포먼스 공연을 통해 여러 대의 바이올린과 피아노를 때려 부쉈다. 그는 자신을 '예술 깡패'로 자임했다. 이런 그를 열렬히 사랑한 것은 우리나라가 먼저가 아니다. 유럽인들이 동양의 선적 파격을 도입한 그의 예술에 열렬한 환호를 보냈다.

그렇다면 백남준의 피아노와 바이올린을 때려 부수는 파격이 어떤 예술혼을 울렸다는 말인가? 자연의 영혼이다. 백남준은 관객들로부터 스스로 자연의 소리를 내게끔 퍼포먼스를 벌였다. 이 퍼포먼스의 각본은 관객의 심리를 정확히 읽어 반영한 합리성에 기초했다. 영화 〈다이하드〉의 주술성과는 다른 성격이다.

우리 교계도 지금 처해있는 주술성에서 빠져나와야 한다. 불교의 출현 배경은 '낡은 관념과 제도의 탈피'에 있었다. 여기엔 브라만 계급이 주도하는 주술도 큰 몫을 차지하고 있었다. 주술로 불리한 현상을 타개하려는 움직임은 오늘날에도 지속하고 있다.

가장 빨리 척결해야 할 대상이다. 그러기 위해선 부처님이 말씀하신 대로 "처음도 좋고 중간도 좋으며 끝도 좋게 하되, 누구나 이해하도록 쉬운 말로 하라."라는 것을 명심해야 한다. 이것이 합리로 가는 길이다. 불교계가 합리의 원칙을 갈 때 세상의 길이 될 수 있음을 먼저 자각해보는 것은 어떨까? 합리성을 저버린 아젠다가 형성될 때마다 스스로 내려 보는 진단이다.

그물을 벗어난 금빛 물고기

02. 불자로 산다는 걸 자랑으로 삼도록

새해가 시작됐다.

나라 안팎으로 숨 가쁜 일정이 계속되고 있다. 국가적으로는 한 해의 주요 사업을 선정하여 구체적으로 추진일정을 마련하면서 이에 대한 국민적 협조를 구하고자 기자회견을 한다. 교계 역시 주요 종단마다 새해 사업설계를 구상하느라 바쁜 모양새다.

분명한 것은 새해가 시작된 현시점은 미래에 대한 희망과 기대가 어느 때보다 높다. 국민의 희망과 기대에 부응하는 일은 알찬 내용을 만들어 진정성 있게 다가서는 방법이 최고다. 당장 눈앞의 이익에 쫓겨 대중영합주의에 의존하거나 단기 처방으로 임했다가 더 큰 상처와 부작용을 남긴 예들은 허다했다.

더욱이 각종 부정부패와 그릇된 사회구조는 우리 국민의 자존심을 무참히 짓밟는 행태였다는 점에서 이의 척결도 중요한 과제 중 하나다. 몇 해 전 미국 여론조사기관 갤럽이 세계 148개국 35만 명을 대상으로 벌인 '이민 희망 국가' 여론조사 발표는 시사하는 바가 작지 않다.

이 조사에서 우리나라는 세계 경제 규모 15위에 올라 있음에도 불구하고 이민 가고 싶은 국가로는 50위에 머물렀다. 남북 분단의 전쟁 위험이 있는 현실도 배제할 수 없지만 가장 큰 이유로 부정부패와 잘못된 사회구조가 꼽혔다. 이러한 원인으로 인해 우리나라는 크로아티아 체코 우즈베크 등 옛 소련 치하 동유럽 국가보다 뒤떨어지는 결과를 낳았다.

더 심각한 문제는 우리나라가 이민 관련 규제를 철폐할 경우 한국 인구의 8%가 줄어든다는 것이다. 이는 한국을 선망하는 외국인보다 한국을 떠나고 싶어 하는 한국인이 더 많다는 것을 반증하고 있다.

이러한 내용을 불교계에 적용해 본다면 어떨까? 크게 달라질 바가 없다는 것이 필자의 견해다. 1994년과 1998년의 대형 종권 다툼과 심심치 않게 터지는 승가 비리 및 부도덕한 행태의 파장 등은 불자로 사는 삶에 치명적인 불명예를 안겨주었다.

그런데도 여전히 불교계에서는 2천만 불교도를 내세워 거대 조직임을 자랑한다. 자랑할 것은 조직이 아니라 삶이다. 대한

그물을 벗어난 금빛 물고기

민국이 자랑할 수 있는 것이 행정부이거나 국토가 아니듯이 불교계가 자랑할 수 있는 것은 주요 종단의 총무원이 아니라 정법에 기초한 불자들의 삶이어야 한다.

따라서 교계 지도자는 올해 역점을 두고 시행해 나가야 할 과제를, 불자의 삶이 사회적으로 자랑스럽게 호소할 수 있도록 제도화해 나가는 일이다.

기존의 사업내용과 인식설정에 대한 냉정하고도 엄밀한 재검토를 선행해야 한다. 문제 제기로 그칠 것이 아니라 실질적으로 이를 이뤄내기 위해선 지도자들의 인식전환이 필요하다. 교계 지도자의 역할이 그래서 중요하고 지도자들에게 거는 기대가 그래서 각별하다.

불자로 산다는 걸 자랑으로 여길 수 있는 교계 차원의 일이 무엇인가?

불교의 본래 색깔을 찾아내는 것이 첫 번째 과제다.

무엇이 불교의 본래 색깔인가? 수행이다. 수행은 이웃 종교와 다른 불교의 독특한 구원 방안이자 나아가 사회의 구제 기능이다. 수행이야말로 불교 본분의 자리를 지키는 일이며, 세속사회의 신뢰를 회복하는 요체다.

민주화의 거센 바람이 불었던 시대, 세속사회의 간곡한 '한 말씀'●마저 외면한 채 산속 깊은 곳에 몸을 의탁하고 있었던 성철스님이 그래도 존경의 대상으로 추앙된 이유는 수행을 놓지 않아서다. 지금처럼 결제 기간●에도 불구하고 종단 일에 매번 산문 밖을 나와 목소리를 높이는 행위는 특정 몇몇 승려에 그쳐야 할 일이다.

수행은 어떠한 말보다 값지다. 행주좌와 어묵동정이라 하지만 그 속엔 엄청난 변화와 개혁의 힘을 담고 있다. 아무리 뛰어난 능변과 학식을 자랑한다 해도 그들은 수행자를 능가하지 못한다.

이에 대한 증거는 부처님 재세 당시에도 확인된다. 육사 외도를 비롯한 브라만 장자 등 당대의 지식인과 재력가들도 부처님을 따르는 출가 수행자들을 최고로 공경했다. 이유는 기존의 낡은 제도와 인식을 바꿔 낼 힘이 그들 수행자에게 있었기 때문이다.

수행은 진정성과 성취도를 내포한다. 진정성이 없는 수행은 거짓이 된다. 실패만 반복할 뿐 이루어낼 수 없기 때문이다. 과

● 1980년대 군부독재 시절에 민주화를 열망하는 인사들은 국민의 정신적 지도자로 자리하고 있는 성철 스님에게 독재타도를 위한 메시지를 주실 것을 간절히 요구했었다. '한 말씀'이란 이를 빗댄 표현이다.

● 조계종은 일 년에 두 번 일제히 수행에 돌입하는 안거를 실시한다. 하안거(음력 4월 15~7월 15일)와 동안거(음력 10월 15~1월 15일)가 그것인데, 이를 결제 기간이라 한다.

그물을 벗어난 금빛 물고기

거 소련 멸망 당시 최고 권좌에 있던 고르바초프는 '레닌으로 돌아가자.'라는 혁명공약을 국민에게 내세워 등단했다. 레닌의 지도노선에 현실개혁의 코드가 있다는 그의 말은 국민에게 전폭적인 지지를 받았다.

그러나 고르바초프는 자기가 약속한 말을 지키지 않았다. 레닌 자체를 부인하는 결과였고 국민의 뜻에서 돌아선 것이었다. 그는 궁지에 몰릴 때마다 말을 바꾸고 열차를 갈아탔다. 계획과 결과 사이에 있었던 것은 언행의 불일치, '속임수'였다. 진정성이 없으면 성취도 역시 빈약할 뿐이다. 말을 바꾸는 그의 행태는 결국 소련의 멸망을 재촉했다.

마찬가지다. 불교의 전통인 수행 정신이 흐트러진다면, 수행의 힘이 나약해진다면 불교는 이 땅에 설 힘이 없게 된다. 교계 지도자들은 이 점을 잘 헤아려 수행 정신을 바탕으로 한 불교가 제 자리에 설 수 있도록 애써주시길 간곡히 부탁한다.

둘째, 꾸준한 자기변화의 모색이다.

남들이 부러워하는 뛰어난 유전인자를 가지고 있다 하더라도 거기에 만족하거나 안주한다면 그것 또한 몰락 또는 쇠락의 길을 걸을 수밖에 없다. 불교는 세계 석학들도 인정할 만큼 아주 뛰어난 교리체계 및 인류 구원의 가르침을 지닌 종교다.

8만4천의 방대한 대장경들이 말해주듯 경전 어느 곳에서든 가슴을 적시는 우수한 가르침이 담겨 있다. 한 마디로 보물창고다. 그래서 불자가 된다는 것은 보물창고를 저마다 꿰차게 되는 전환점이다. 스님들도 포교할 때 그렇게 말씀하신다. 문제는 가지고 있으면 뭐하랴? 쓸 수 있는 용도는 폐기되고 쓰고자 하는 단순한 의욕마저 자물쇠가 채워져 있으니. 이런 허황한 구조가 당황스럽기조차 하다.

부처님은 강을 건넜으면 뗏목을 버리라고 말씀하셨다. 달을 가리키면 달을 봐야지 손가락을 보는 어리석음을 경계하셨다. 그런데 뗏목을 고수하고 손가락에 집착하는 게 교계의 현주소다.

그러니 자기변화에 둔감하다.

자기변화에 둔감한 집단은 시대를 이끌 수 있는 자격이 없다. 중세기 유럽의 전설에 나오는 '피리 부는 사나이'를 하나의 '대중영합주의'라고 가정했을 때 허망하게 강물에 뛰어드는 쥐들이야말로 자기를 모르는 나약한 존재들이라 할 수 있다. 불교는 피리 부는 사나이를 만들어내는 종교가 아니라 죽음의 곳으로 몰려다니는 쥐를 살려내야 하는 종교다.

그러기 위해선 먼저 나를 성찰하고 점검해야 한다. 성찰과 점검은 불교식대로 표현하자면 '자자와 포살'◦이다. '자자와 포살'의 기능만 제대로 회복해도 불교는 우리 사회에서 국민이

그물을 벗어난 금빛 물고기

의지하고 존경할 수 있는 대표적 종교로 우뚝 설 수 있다.

이 두 가지만 교계 지도자들이 깊은 관심을 두고 실천해 주신 다면 우리 불자들의 자긍심은 높아질 수 있다. 우수한 DNA를 보유하고 있음에도 "난 불자다"라고 하지 못하고 사는 불자들의 삶을 한 번쯤은 생각해 주셨으면 한다.

용기가 없어 불자라고 말 못하는 게 아니라 잘못된 불교에서 살다 보니 창피해서 불자라고 말 못하는 사정을 지도자들께서 먼저 헤아려 달라는 주문이다. 다종교 다문화 사회에서 자랑스러운 불자로 거듭나길 염원하며 교계 지도자들에게 고언을 드린다.

• 자자와 포살; 자자란 안거의 종료일 그간 함께 지낸 동료들끼리 율의 가르침을 잘 준수하였는지, 또는 그것을 어긴 일은 없었는지를 서로 반성하고 참회하는 의식이다. 승원생활이 확립되면서 승려들이 함께 거주하며 안거때만 아니라 일상에서 자자와 같은 종류의 의례를 실시하는데, 그것이 포살이다.

03. 설날 단상(斷想) – 순일함을 유지하는 것으로

고향 집을 찾는 발걸음을 시샘하는지 기온이 뚝 떨어졌다. 그러나 고향 집 어머니의 넉넉한 품은 추위 따윈 아랑곳하지 않는다. 언제 달려들어도 따스한 자리를 내주고 50줄 같이 늙어가는 자식의 응석마저 변함없이 반겨주신다.

해마다 새해 첫날은 비로소 설날 아침과 함께 시작된다. 설날은 음력 정월 초하룻날을 이르는 말이다. 옛 기록에 따르면 원일(元日) · 원단(元旦) · 원정(元正) · 원신(元新) · 원조(元朝) · 정조(正朝) · 세수(歲首) · 세초(歲初) · 연두(年頭) · 연수(年首) · 연시(年始)라고도 하고 이는 대개 한 해의 첫날임을 의미한다.

설은 묵은해를 보내고 새해 첫 아침을 맞는 명절이다. 설이라는 말의 유래는 정확하게 밝혀져 있진 않다. 다만, 이에 관한 여러 의견이 제기되고 있다.

그물을 벗어난 금빛 물고기

우선 새해의 첫날인 만큼 일 년 동안 아무 탈 없이 지내게 해달라는 바람은 누구나 가지고 있었을 터이다. 그러므로 설은 묵은해의 이런저런 일들을 모두 털어버리고 첫날 새 마음을 다져 새날을 맞는 의미가 배어 있다. 서로가 힘을 합쳐 희망의 새날을 열자는 의미에서 덕담이 오가고 윷놀이, 액막이 연날리기, 지신밟기 등의 행사가 치러졌다.

둘째는 '섦다'의 뜻에서 유래된 뜻으로, 해가 지남에 따라 점차 늙어가는 처지를 서글퍼 하는 뜻에서 생겼을 것이라는 견해다. 또 '설다, 낯설다'의 의미로 새로운 시간 주기에 익숙하지 않다는, 그리하여 완전하지 않다는 의미에서 생겼다는 견해도 있다. 한 해를 새로 세운다는 뜻의 '서다'에서 생겼을 것이라는 견해도 나름대로 설득력이 있어 보인다.

마지막으로 17세기 문헌에 의한 설이라는 뜻에서 나온 의견이다. 17세기 문헌에 의하면 설은 '나이, 해'를 뜻하는 의미로 쓰였다. 그러므로 설이란 '나이를 하나 더 먹는 날'의 의미로 보는 의견이다.

설날과 관련해 특별히 시선을 끄는 것은 모든 놀이와 행사가 액을 막고 잡귀를 물리치는 데 있었다는 점이다. 이는 가족 공동체의 건강과 행복을 가장 절실하게 염원했기 때문이 아닌가 여겨진다.

예를 들어 설날 하루 전 궁궐에서는 나희(儺戲)를 하며, 이때 신하들은 윤목(輪木)을 던지는 놀이를 했다고 한다. 15세기 말에 저술된 성현의 『용재총화』에 의하면, 나희는 나례라고도 하는데, 어린이 수십 명을 모아서 초라니를 삼아 붉은 옷과 두건을 씌워 궁중에 들여 보낸다. 그러면 관상감에서 북과 피리를 갖추고 방상씨(方相氏)와 함께 새벽에 이르러 쫓아내는데 일종의 잡귀를 쫓는 놀이였다. 윤목은 12면에 각각 하나씩 동물의 이름을 새긴 것으로 3개를 던져, '사(獅)'자가 많이 나오는 사람이 이기는 놀이다.

일반 가정집에서도 불길한 것에 대한 예방 차원의 놀이가 성행했다. 그믐날 밤에 자면 눈썹이 희어진다고 하여 밤을 새우는데, 이를 '수세(守歲)한다'고 했다. 또 『동국세시기』에는 조선시대 설날 밤에 야광(夜光)이라는 귀신이 집에 와서 아이들의 신발을 신어보고 발에 맞는 것을 신고 가면 그 아이에게 불길한 일이 생긴다고 믿어, 신을 감추고 일찍 잠자리에 들었다는 이야기도 전해지고 있다.

『동국세시기』는 또 그해 삼재에 드는 사람들은 3마리의 매를 그린 부적을 문설주에 붙인다고 하였다. 일종의 변괴에 대해 매가 그것을 막아줄 신령한 힘이 있다고 믿은 것이다.

이 밖에도 사람들은 새해를 맞아 개인의 신수를 점쳐 보기 위

그물을 벗어난 금빛 물고기

해 오행 점과 윷 점, 토정비결을 보기도 한다. 또한, 일반적으로 3일이 지나 어린아이들이 보름날까지 연날리기하다가 14일 날 저녁에 줄을 끊어 날려 버리면 그해에 드는 액을 날려 버린다고 생각했다. 이를 '액막이 연'이라고 불렀다.

설을 지내고 3일째 되는 날에 일반 농촌이나 산촌에서는 마을고사, 또는 동제라고 하는 공동제사를 지냈다. 동제란 마을 구석구석 집집을 돌며 농악을 치고 고사를 지내는 '지신밟기'의 행위다. 지신밟기란 마을의 안녕과 농사 풍년을 지배하는 토호 신을 위무하는 행사라 할 수 있다.

이 지신밟기를 할 때 집집이 조금씩 쌀을 내놓는데, 이렇게 모인 쌀은 마을의 공동자산으로 삼았다. 마을 제사와 지신밟기는 새해를 맞아 공동의 생활공간을 새롭게 만들기 위한 의미가 있다. 이처럼 설날은 잡귀를 털고 액막이를 함으로써 우리 사회의 순일(純一)한 공동체를 이어가려 했다. '순일함'이란 꾸미거나 과장하거나 왜곡하지 않은 순수 그 자체를 말한다.

우리의 조상은 사회적 순기능 강화를 위해 각종 놀이문화에 적용해왔고 이러한 의지를 반영하는 전례가 해마다 맞이하는 설날이었다. 즉, 설날은 한 해 흐트러진 마음을 다시금 추슬러 순일한 세계로 나가려는 발판이었던 셈이다.

설날 아침을 맞아 우리 교계도 순일함을 유지하고 있는지 냉정히 살펴볼 일이다. 폐부 저 깊숙한 곳에 고름이 묻어나고 도려내야 할 환부들이 곳곳에 있다면 이를 털어내는 의식절차가 필요하다.

과거 미국의 여러 마을에서 느릅나무를 길가에 심은 적이 있었다. 미국 시민들은 느릅나무를 통해 아름다운 경치를 기대했다. 하지만 그 꿈은 삽시간에 사라졌다. 해로운 딱정벌레류가 나타나 이 나무 저 나무로 옮겨 다니며 병을 퍼뜨림으로써 느릅나무를 초토화했던 것이다. 마치 사자신충처럼 제 몸속의 벌레를 보지 못하고 멋진 풍광만 한껏 기대했다가 낭패를 보고만 이 일화처럼 새해를 맞아 한국불교의 몸체는 순일하게 닦여져 있는지 점검해 볼 일이다.

순일하지 않으면 참선을 아무리 많이 하고, 불공을 열심히 해도 공덕을 쌓지 못한다. 상대방을 감화시킬 수 없기 때문이다. 일례로 불사를 밤낮으로 해오는 것을 자랑으로 여기던 양 무제가 달마대사에게 "그 공덕이 얼마나 되겠냐?"고 물었을 때 달마대사는 한마디로 "없다."고 말한다.

상(相)을 드러내서 하는 온갖 선행은 순일하지 않으면 그 공덕이 훌쩍 줄어든다.

순일함을 유지하지 못하면 느릅나무에 숨어 있던 딱정벌레

그물을 벗어난 금빛 물고기

류와 같은 존재가 언제든지 불교를 헐뜯고 망신을 줄 수 있다. 우리 조상들이 설날맞이 액막이 연날리기와 지신밟기 등을 통해 사회공동체 기능을 강화했듯이 교계 역시 부처님의 순일한 법문으로 바탕이 된 몸체로 갈고 닦여진다면 딱정벌레류 존재는 기승을 부릴 수 없다. 어쨌든 설날 아침 독자 제현 여러분 저마다 새 기운을 듬뿍 받길 기원한다.

04. 세상을 바꾸는 힘 '용서'

중학교 2학년 때로 기억한다.

천주교에서 건립한 논산대건중학교에 입학하여 2학년에 올라가자 종교 과목이 있었다. 종교 교과서는 천주교 교리를 담은 내용이 주를 이뤘지만, 앞장에 '동양의 종교'를 소개하는 장면이 있었다. 불교와 유교, 그리고 마호메트교를 소개하고 있었는데 마호메트교를 제외한 불교와 유교는 종교가 아니라고 정의했다.

천주교에서 말하는 종교란 첫째, 절대자가 있어야 한다는 것이고 둘째, 내세관이 존재해야 한다는 점을 내세웠다. 이 두 가지를 갖추지 못한 유교는 철학이며, 내세관은 있으나 절대자를 상정하지 않고 있는 불교는 오히려 철학 쪽에 가깝다는 것이다.

이전까지만 해도 막연히 부처님을 신적 존재로 인식하고 있

그물을 벗어난 금빛 물고기

었던 나는 '불교는 종교가 아니다.'라는 정의에 호기심이 마냥 끌렸다.

"그렇다면 부처님은 어떤 존재인가?"

점심시간이나 방과 후 학교 도서관에 들러『석가모니』상·하를 읽었다. 출판사나 지은이는 기억에 남아있지 않다. 그러나 당시 읽은『석가모니』상·하는 어린 나에게 모든 것이 경이로움이었고 사상적 충격이었다. 이후로 읽은 수많은 부처님 일대기 어느 것도 이 책만큼 내용과 수준을 뛰어넘지 못했다.

지금 생각해 보면 그 책은 초기불교에 기초해 일대기를 정리한 것이 아닌가 여겨진다. 신격화가 제외된 순수한 고타마의 일생은 가장 인간적이면서 아름답고도 뭉클한 감동을 던져줬다. 여기엔 세속적 영화가 보장된 왕자의 신분을 버리고 맨발의 구도자로 나서는 일련의 과정들이 극적 요소까지 겹쳐져 흥미와 교훈을 더 했다.

이때 읽었던 부처님의 일대기는 청소년 시절 니체의『인간적인 너무나 인간적인』을 통해 동·서양의 철학을 간접적으로 경험하게 했다. 또한, 헤르만 헤세의『싯다르타』에서는 문학적 감수성마저 일깨우는 도움을 받았다.

올해로 헤르만 헤세가 세상을 떠난 지 50년. 그도 싯다르타의 삶에서 그의 각령(覺靈)을 새로이 발견하는 계기가 되었으

리라 추측한다. 그중 헤세를 변화시킨 강렬한 메시지는 '평화'
와 '용서'가 아니었나 싶다.

헤세는 군국주의가 일으킨 제1차와 히틀러의 나치즘이 가져
온 제2차 세계대전의 추축국 나치 독일이 그의 조국이었다. 그
는 세계대전을 모두 지켜본 인물로서 말한다.

"전쟁의 유일한 효용은, 사랑은 증오보다, 이해는 분노보다,
평화는 전쟁보다 훨씬 더 고귀하다는 사실을 우리에게 일깨워
주는 것뿐이다."

전쟁을 반대한 그에게 조국 독일은 매국노라는 손가락질을
쏟아냈고 그의 책에 대해선 판매금지 및 출판금지 처분을 내렸
다. 그러나 세상은 인도주의의 새 지평을 연 그에게 1946년 노
벨문학상을 수여했다.

헤세의 각령을 일깨운 불교. 신학자의 집안에서 태어난 헤세
에게 불교의 무엇이 영향을 미쳤길래 그는 소설 '싯다르타'를
탄생시켰을까?

불교는 기원전 고대사회에서 출현한 종교로 강력한 휴머니
즘을 배경으로 하고 있다.

"붓다가 다른 스승들과의 차이는 그의 심원한 열정과 만민에
대한 박애 정신에 놓여 있다."

영국의 불교학자 리스 데이비스는 부처님의 특징을 이렇게

간결하게 표현하고 있다. 한마디로 중생에 대한 지극한 연민과 무한한 사랑이 부처님의 정신이다. 지극한 연민과 무한한 사랑은 어떤 것일까? 바로 '용서'다. 불교가 다른 종교와 차별성을 갖는다면 '용서'라는 무한한 포용성에 있다.

경전에 나오는 살인마 '앙굴리 마라'도 부처님에겐 용서의 대상이었다. 장자 '아일다'에 대한 용서의 장면도 깊은 인상을 남겨준다.

하나라 성에 '아일다'라는 부자의 아들이 있었다. '아일다'는 어머니와 통하고 아버지를 죽였다. 어머니에게 다른 남자가 생기자 어머니를 죽였다. 살인의 죄가 드러날까 두려워 이 사실을 알게 된 아라한 친구도 살해했다. 그 후 '아일다'는 기원정사에 출가를 원했다.

그러나 대중은 '삼역 죄'를 범했다 하여 허락하지 않았다. '아일다'는 점점 노해서 승방에 방화를 하고 무고한 많은 사람의 목숨을 앗았다. 그리고 왕사성에 계신 부처님을 찾아가 출가를 원했다. 대중들이 '아일다'의 범죄를 들어 극구 반대했으나 부처님은 그를 용서하고 진리의 설법을 펼쳐 선으로 이끌었다.

부처님은 또 음식에 독을 타 당신과 제자들을 살해하려던 장자 '시리굴'도 용서했다. '시리굴'을 국법으로 처단하겠다는 아사세왕을 설득해 '시리굴'을 정법으로 인도하는 무한한 자비심을 펼쳐 보이신 부처님. 부처님에게 '용서'는 한정된 그릇이 없었다. 용서의 전제 조건이나 단서가 없었다는 얘기다. 무조건 베풀어진 용서의 장면에서 부처님의 무한 사랑이 느껴지는 것이다.

이것이 내가 불교를 좋아하는 이유다.

그런데 불자 중에는 용서에 인색한 사람들이 적지 않다. 특히 사회운동을 하는 불자는 파사현정(破邪顯正)의 논리를 앞세워 단죄를 주장하는 경우가 많다. 그래야 사회정의가 실현된다는 주장이다.

과거 전두환 전 대통령이 백담사에 유배되었을 때도 체포조를 결성해 불자들이 먼저 달려가기도 했다. 그뿐만 아니다. 사회 지도층 인사의 비리나 범죄행위가 드러났을 때도 불교계 일부에선 강력한 처벌을 촉구하고 나선다.

물론 이를 잘못되었다고 탓하자는 건 아니다. 다만 사회변혁의 운동논리에도 불교 정신이 깃들어야 다른 단체나 기구와의 차별성이 기해질 수 있다는 것을 말하고자 한다. 일반 사회단체와 똑같은 목소리를 낸다면 불교를 하는 이유가 모호해진다. 불교를 내세운 사회운동이라면 최소한 불교 정신이 뒷받침돼야 한다.

어느 특정인이 있어 우리 사회 모두가 용서할 수 없다고 비난

그물을 벗어난 금빛 물고기

을 쏟아내도 불자라면 부처님의 정신을 본받아 포용과 섭수하는 자세가 필요하다. 아흔아홉의 목숨을 죽인 살인마 '앙굴리마라'도 부처님은 용서했다. 국법대로 처단하겠다고 내놓으라는 빔비사라 왕의 요구에 대해 '국법이 버리는 자라도 정법은 넉넉히 포섭한다.'는 게 부처님의 입장이었다.

중생에 대한 부처님의 이러한 무한한 연민은 당시 인도인들의 마음을 움직였다. 그리하여 불교는 날로 교세가 확장됐다.

용서, 포용, 섭수. 이것은 모두 중생 사랑의 정신을 바탕으로 실천돼야 할 요소다. 불교의 가장 큰 매력은 바로 여기에 있다. 생명 있는 모든 존재에 대해 한없이 사랑을 베풀라는 것이 부처님의 가르침이다. 그 중 용서는 사람과 세상을 변하게 하는 큰 힘이다. 용서가 이루어지지 않는 사회는 감동이 없다.

불교는 용서를 통해 세상을 바꾸고자 하는 종교다. 내가 불교에 빠져 있는 이유이기도 하다.

05. 수행자의 향기가 그립다

'조용한 혁명'이란 말이 있다.

미국의 저명한 학자인 로널드 잉글하트가 한 말인데, 그는 삶의 질을 중시하는 가치관의 변화과정을 '조용한 혁명'이라고 불렀다.

로널드 잉글하트는 "최소한의 경제적 육체적 안전이 존재하는 경우에는 사랑, 존경에의 욕구가 점차로 뚜렷해지고, 그 다음에는 지적·심미적 만족이 중심적인 중요성을 갖게 된다."고 했다.

세계 인류의 행복지수가 높아지지 않는 이유는 사랑과 존경의 욕구가 뚜렷해지는 인간들의 존재를 충족해 줄 인물들이 너무 빈약할뿐더러 감동이 없는 삶의 연속성 때문이 아닐까. 세계는 수없이 많은 인물과 사건들을 쏟아내고 있지만, 충격과

그물을 벗어난 금빛 물고기

놀라움만 있을 뿐 우리의 마음을 감동시키지 못하고 있다.

왜 그럴까?

단언적으로 말하건대 수행이 없는 삶은 그 어떤 형태와 내용을 동반한다 하더라도 사람의 마음을 움직일 수 없다.

세상에는 수없이 많은 부류의 사람이 있다. 경제인, 정치인, 작가, 교수, 사상가, 종교인, 성직자 등등. 제각각 자기 분야에서 성공한 사람은 세상에 자신의 이름을 회자시키기도 한다. 그러나 이중 누가 얼마나 사람의 심금을 울리고 감동을 던져주는지는 의문이다.

오늘날의 현대인은 성직자의 신분이라 하여도 고운 눈길을 보내지 않는다. 모순과 가식을 함께 보고 있기 때문이다. 그래서 현재 한국불교에 쏟아지는 국민의 눈길도 걱정이 가득하다.

이러한 따가운 눈길에서 벗어나는 방법은 불교 특유의 수행 분위기를 회복하는 길밖에 없다. 훌륭한 수행자가 많이 나올수록 그만큼 한국불교의 활력 지수와 국민의 기대치는 높아진다.

수행자는 정·재·학계의 거목들과 분명히 대비되는 것이 있다. 그들은 물질을 탐하지도 않고 명예를 추구하지도 않으며 자신의 이름 또한 세상에 드러내길 꺼린다. 오직 세상 사람들의 이로움을 위해 자신과 자신의 에너지를 연소시키는데 몰두하기 때문이다.

근본만 얻을 뿐 끝은 근심치 말지니

마치 깨끗한 유리가 보배달을 머금음과 같고,

이미 이 여의주를 알았으니

나와 남을 이롭게 하여 다함이 없도다.

단득본막수말(但得本莫愁末)이니

여정유리함보월(如淨瑠璃含寶月)이고

기능해차여의주(旣能解此如意珠)하니

자리이타종불갈(自利利他終不竭)이로다.

영가 스님의 「증도가」에 나오는 한 구절이다.

무릇 진정한 수행인은 중생의 마음을 읽을 줄 안다. 그래서 근본을 해결하는 데 주력하지 곁가지나 끝은 굳이 근심하지 않는다. 말 그대로 '뜻하는 대로 이루어지게 하는 구슬'이다.

수행인은 여의주를 항상 옳게 수용하여 쓸 줄 앎으로써 모든 중생을 이롭게 한다. 그것은 모두 수행의 힘에서 나온다.

그러나 한국불교의 현실은 수행의 힘을 잃은 지 오래다.

과거 사판승들이 잘못을 저지르면 이판승들이 이들을 바르게 걸을 수 있도록 경책했다. 아울러 사판승들도 어떠한 곤경과 난관에 직면했을 때 수행자 집단을 찾아 가 해결책을 물었

그물을 벗어난 금빛 물고기

다. 그만큼 수행의 법력을 높이 샀다.

따라서 종단의 지도자들에게 수행의 향기를 맡을 수 없다는 것은 모든 불자의 불행이다. 반면 수행의 이력과는 반대로 지나치게 사판승들이 우대되는 종단은 걱정만 키울 뿐이다. 수행자의 향기가 정말로 그리워지는 때다.

2. 세상에 던지는 화두

01. 원숭이, 도도새 그리고 한국불교

○

1천7백 년 역사의 한국불교가 자정과 쇄신의 시험대에 놓여 있다.

한국불교는 왜 자정과 쇄신의 숙제를 안게 되었을까? 이유는 간단하다. 국민의 정신적 귀의처로서, 또는 삶을 '이끌어 가르치기[指南]'에는 신뢰와 기능이 현저히 떨어졌기 때문이다. 중생에게 외면당하는 종교는 종교적 임무를 수행해 낼 수 없다.

한국불교는 이러한 상황을 맞고 있다. 한 마디로 위기다. 그런데도 위기상황을 매우 안일하게 대하고 있다. 과거와 같이

그물을 벗어난 금빛 물고기

땜질식 임기응변으로 현재 상황만 잘 넘기면 문제없다는 인식이 바뀌지 않고 있다.

잘못된 구조와 낙후한 인식을 버리지 않은 채 주어진 혜택을 고수하고 있는 게 한국불교의 현주소다.

지금의 한국불교는 버릴 줄 아는 지혜를 요구하고 있다. 버린다는 것은 안목을 높이는 일이다. 멀리 내다보면서 선택하고 버리는 법을 배워야 진정 자기 주체성을 확립할 수 있게 된다.

버려야 함에도 버리지 못해 통째로 희생되는 어리석은 이야기가 있다.

야생 원숭이가 많이 다니는 곳에 입구가 가늘고 몸통이 큰 유리병을 둔다. 병 안에는 땅콩이 들어 있다. 원숭이가 병에 손을 넣어 땅콩을 집으면 숨어 있던 원주민 사냥꾼이 소리를 지르며 뛰쳐나온다. 원숭이는 손에 움켜쥔 땅콩을 버리지 않고 병을 끌면서 도망간다. 이렇게 달리다 보면 결국 잡히고 만다.

잡힌 원숭이는 서커스 훈련을 받거나 사람들 대신 야자 열매를 따야 한다. 사소한 것을 버리지 못한 데서 생기는 비극이다. 원숭이가 자신의 일생을 위해 땅콩을 버릴 줄 알았다면 자신의 목숨과 맞바꾸는 상황은 만들지 않을 테니 말이다.

안주하는 것도 문제다.

자신의 상황이 백척간두에 있는데도 불구하고 변화하려는 움직임이 없다면 그대로 자멸이다. 선가에서는 백척간두에서 차라리 진일보한다면 전신이 자유롭고 모든 것을 얻을 수 있다고 한다. 이 도리를 몰라 자신을 몰락시킨다는 것이다.

그 좋은 예가 도도새다.

도도새는 인도양의 모리셔스 섬에 살았다. 섬이라는 폐쇄된 생태계에서 도도새는 먹이사슬의 구조로부터 자유로웠다. 멀리 날 필요가 없을 정도로 먹이는 풍부했고 자신들을 위협하는 포식자도 없었다. 움직이지 않고 충분한 먹이를 섭취할 수 있었던 도도새는 차츰 날 수 없는 새가 되어갔다.

16세기 초 포르투갈인들이 모리셔스 섬을 찾았다.

사람을 보고도 도망치지 않는 도도새. '도도'는 포르투갈어로 '바보'란 뜻이다. 이 바보들의 평화로운 삶은 이로써 끝났다. 오랜 항해로 신선한 고기에 목말라 있던 포르투갈인들은 날지 못하는 도도새야말로 손쉬운 사냥감이었다. 그들은 닥치는 대로 도도새를 잡아먹었다. 그리하여 1681년 도도새는 지구에서 자취를 감추었다.

도도새의 멸종은 무엇을 의미할까? 현실에 안주함은 곧 몰락을 가져온다는 교훈을 던져주고 있다. 우리에게 꼭 필요한 것이 아니라면 모두 버릴 줄 알아야 한다. 그렇다고 필요한 것에

그물을 벗어난 금빛 물고기

안주한다면 그것 또한 몰락의 길임을 간과해선 안 된다.

버리지 못하는 어리석음은 비단 원숭이뿐만이 아니다. 인간도 작은 것에 집착해 버리지 못함으로써 결국엔 모든 것을 잃는 예들이 허다하다.

조선을 일본에 팔아넘긴 이완용은 넘쳐나는 재화를 손에 거머쥐었지만, 매국노란 딱지와 함께 온 백성으로부터 버림을 받았다. 대한민국의 건국으로 나라는 새로이 출발했으나 여전히 그의 가계(家系)는 모습을 드러내고 떳떳이 이 땅에서 살 수 없는 처지가 되었다.

반대로 어린 나이에 조국의 독립을 위해 제 한 몸을 기꺼이 희생한 유관순은 한국의 잔다르크로 불리며 나라를 살린 애국지사로 추앙받고 있다. 그녀는 대한민국의 영원히 꺼지지 않는 등불로 남아있는 것이다.

한국불교는 이 교훈을 배워야 한다. 버려야 얻을 수 있는 도리를 깨쳐야 한다. 그런데 변질하고 속화된 것 마저 여전히 움켜쥐고 있는 형국이다. 낡고 굼뜬 모양 그대로에 안주하고 있다. 원숭이와 도도새 같은 운명을 걷고 있다.

그러면서 입으로는 자정과 쇄신을 외친다. 가증스러운 위선에 지나지 않는다. 한국불교가 중생들에게 희망을 안겨줄 수

있는 종교로 거듭나기 위해선 버려야 한다. 변질을 경계하면서
변화의 길을 모색해야 한다는 주문이다.

02. 종단 골칫거리로 떠오른 도박승 문제

2012년 4월 23일 백양사 인근 모 관광호텔 스위트룸. 수산당 지종 대종사 49재 하루 전날 서울의 유명사찰 주지와 중앙종회 의원 등이 한자리에 모여 포커도박을 벌였다. 이 장면은 모 스님이 몰래 설치해 놓은 CCTV에 고스란히 담겼다.

그리곤 며칠 되지 않아 누군가에 의해 유포됐다. 이것은 종단 지도부의 존립을 위협하는 치명적인 악재였다.

총무원 부·실장들은 5월 10일 도박사건에 관해 공동책임을 지고 '일괄사표'를 제출했다. 종정 진제 대종사도 하루 앞선 9일 동화사 동별당에서 가진 기자간담회 중에 이 문제가 거론되자 "시줏밥 먹을 자격이 없다."는 말로 불편한 심기를 표현했다.

당시 자승 총무원장은 위기상황에 직면했다. 봉암사를 중심으로 한 전국선원수좌회가 백양사 도박 건이 중앙일간지에서도 비중 있게 보도되자 총무원장의 퇴진을 촉구하고 나선 것이다. 이때 자승 스님은 수좌회가 요구한 8개 사항을 전폭 수용함으로써 도박 파장을 비껴갈 수 있었다.

8개 요구사항이란 "①자승 총무원장은 현 종단사태의 도의적 책임을 지고 사퇴하여야 하나, 종단의 혼란이 가중됨을 방지하기 위하여 쇄신위를 설치하여 종단을 개혁하고 정상화한후 퇴임하기 바란다."를 비롯해 ②첫째항에 대한 방법과 일정 공개 ③은처승 퇴출 ④재정 투명화의 제도적 장치 ⑤선거법 개정 계파정치 구태 일소 ⑥비승가적 방법의 폭로 비방 금지 ⑦도박 연루자 엄벌 ⑧종단개혁을 위한 강력한 후속조치 등이다.

이 백양사 도박사건의 여파는 1년이 넘도록 계속됐다.

당시 자승 총무원장은 "임기에 연연하지 않겠다."라고 했던 언약을 저버리고 2013년 9월 16일 재임 출마를 선언했다. 이러한 와중에 불국사 부주지를 지낸 장주 스님이 이에 앞서 7월 8일 포항시청에서 종단 고위직 승려 11인과 자신을 포함한 관련자 5인 등 16인이 억대도박을 했다며 명단을 공개했다.

하지만 장주 스님의 폭로는 음해성 모략이라는 역공에 폭발력을 상실했다. 여기에 종단 기득권 세력이 똘똘 뭉쳐 장주 스님을 한낱 '무모한 돌발 행동자'로 몰아가는 등 도박의 의미를 축소했다.

그물을 벗어난 금빛 물고기

실제로 승려의 억대 해외원정 도박 건은 SBS의 궁금한 이야기 'Y'와 〈신동아〉 10월호에서 보도했지만, 철옹성 같은 종단 기득권 세력에게는 요지부동이었다. 결국, 이러한 미미한 파장은 자승 스님의 재임 출마를 가능케 했다.

이는 무엇을 의미할까?

한 마디로 도박 따윈 청정 승가를 생명으로 하는 조계종에선 아무런 문제가 될 수 없다는 반증이다. 그냥 반증이 아니라 역설적 반증이다. 청정 승가가 아니므로 도박이 무슨 문제가 되느냐 하는 반증이다.

이유는 어디에 있을까?

오도사문(汚道沙門)이 종단 요직을 차지하고 있기 때문이다. 오도사문이란 4종(四種) 사문의 하나로서 출가 수계의 몸이지만 계율을 지키지 않고 수행을 게을리 할 뿐 아니라 승가의 도를 더럽히는 사문을 일컫는다. 부처님께서는 대장장이 춘다로부터 "세상에 몇 종의 사문이 있느냐?"는 질문을 받고 4종류의 사문이 있다고 답한다.

첫째가 승도사문(勝道沙門)이다.

도가 뛰어나 최고의 깨달음에 이른 아라한을 말한다. 승도사문은 존재만으로도 세상을 밝히는 힘을 갖는다.

둘째가 설도사문(說道沙門)이다.

불교의 학설과 이론을 바르게 아는 출가자를 지칭한다.

셋째는 활도사문(活道沙門)이다.

이들은 도에 따라 생활하므로 정해진 계율을 잘 지키고, 학업과 수행에 정진하지만 깨달음에는 이르지 못한 보통 사문이다. 승가는 활도사문의 힘을 바탕으로 활력을 갖는다.

넷째가 바로 오도사문이다.

은처, 도박, 폭력 사이비 승려가 여기에 해당한다. 이들 오도사문은 권력에 탐착하고 명리에 집착한다. 비록 출가 사문이라 하지만 무리를 이루어 범계(犯戒)를 당연시하고 오히려 활도사문들을 비웃는다.

포커도박이 어제오늘의 일이 아니지만 이에 대한 뼈저린 통찰과 반성이 없다는 것은 조계종단을 낙담케 하는 주인(主因)이다. 한때 유명사찰의 주지로 행세하던 아무개 스님이 지금은 정선 카지노에서 막일이나 하는 급사로 일하고 있다면 믿을 수 있겠는가?

지금도 지역별로 혹은 본사별로 자세히 들여다보면 오도사문들로 이루어진 도박판이 상시로 이루어지고 있다. 단지 공개적으로 알려지지 않았을 뿐이다. 그만큼 범계 불감증이 교계 전반에 퍼져 있다는 증거다.

그물을 벗어난 금빛 물고기

도박이든 폭력이든 은처든 사이비든 이를 경계하거나 벌하려는 분위기가 형성돼 있지 않다는 건 심각한 문제다.

도박이 청정 승가 세력을 능욕하는 일임에도 눈먼 거북이 희롱하듯 어물쩍 넘어가는 일이 비일비재하다. 백양사 도박사건을 계기로 오도사문을 제거할 획기적인 제도가 마련돼야 한다는 여론이 높다.

03. '연기설'과 '신의 존재'

빈자(貧者)의 성녀(聖女)로 알려진 테레사(1910~1997) 수녀가 한때 신의 존재 문제로 고민했었다고 해 화제가 된 적이 있다.

테레사 수녀는 인도 콜카타에서 가난한 이들을 위해 헌신한 공로로 1979년 노벨평화상을 수상했던 인물로 전 세계적으로 유명세를 치렀었다. 그녀는 2003년 로마 교황청으로부터 성인의 전 단계로 신자들의 공경 대상이 된다는 복자(福者)로 추대되기도 했는데 이런 그녀에게도 '신의 존재'에 대해 고뇌가 깊었다고 한다.

이러한 사실은 테레사 수녀가 창립한 '사랑의 선교회' 소속의 한 신부가 최근 『테레사 수녀-나의 빛이 되어라(Mother Teresa-Come Be My Light)』라는 책을 발간하면서 밝혀졌다.

테레사 수녀는 노벨평화상 시상식장에서 "예수 그리스도는

그물을 벗어난 금빛 물고기

우리의 마음속, 우리가 만나는 가난한 사람들, 우리가 주고받는 웃음 속 등 모든 곳에 존재한다."라고 말했지만, 시상이 있기 석 달 전 자신의 고해신부에게 보낸 편지에선 "나에게 침묵과 공허함이 너무나 커서 예수님을 보려 해도 보이지 않고 들으려 해도 들리지 않는다."라고 썼다.

그녀의 고민은 이전에도 지속하였다. "마치 모든 게 죽은 것처럼, 내 안에 너무나 끔찍한 어둠이 있다."라고 퍼디낸드 페리에 대주교에게 편지를 보냈고, 로런스 피카키 신부에겐 "내 영혼이 왜 이렇게 많은 고통과 어둠이 있는지 얘기해 달라."라고 편지했다.

성녀 테레사도 독실한 신앙심으로 빈민운동에 일생을 이바지했지만 '신의 존재'에 대해선 회의와 고뇌가 만만치 않았음을 이러한 정황으로 알 수 있다. 그러나 분명한 것은 그녀가 자신의 하는 일이 곧 '신의 역사(役事)'로 받아들여 궁극적 구원을 시도했다는 점이다.

불교계에선 불교사상의 핵심이라 할 '연기론(緣起論)'에 대해 얼마나 깊이 신봉하고 있을까? 기독교계 신자들이 한 번쯤은 고뇌해 볼 '신의 존재' 문제처럼 불자들은 '연기'가 신행 생활과 얼마나 밀접하게 작용하고 있을지, 한 번쯤 생각해 볼이다. '신의 존재'를 부정한다면 기독교 신자라 하기 어렵다. 기독교의 시원(始原)이 신에 의한 창조론에 기인하고 있기 때문이다.

이에 반해 불교는 인과에 기초하여 윤회의 고리가 성립하고 이러한 윤회의 고통에서 벗어나기 위해선, 부단한 수행 정진이 수반돼야 한다고 강조한다. 이러한 불교 교리의 근본은 바로 연기론에서 비롯된다. 그런데도 불자로서 '연기'를 믿지 않는다면 그것은 '사이비' 또는 '유령 불자'에 다름 아니다.

불교에서 말하는 연기론은 어려운 내용이 아니다. '콩 심은 데 콩 나고 팥 심은 데 팥 난다.'라는 얘기다. '아니 땐 굴뚝에 연기 날 리 없다.'는 것이고 '행위가 있으면 그 인과응보가 있다.'는 것이다. 이것은 세월이 아무리 흘러도 변하지 않는 불변의 법칙이다.

하지만 지금 교계의 현실을 둘러보면 과연 '연기'를 믿고 있는 집단인지 의아심이 강하게 일고 있다. 전법교화라는 수행종단의 모습은 고사하고 저잣거리의 속인들 행태보다 저급한 행위를 서슴지 않는 행태가 비일비재하다. 나중에 그 과보를 어찌 다 받으려는지 염려하는 발언이 오히려 치사하고 유치하게 들릴 뿐이다.

부처님이 사문유관(四門遊觀)을 통해 왕자 교육을 받던 중 미물에 불과한 한 마리 벌레를 새가 날아들어 쪼아 먹는 것을 보

그물을 벗어난 금빛 물고기

고 깊은 충격을 받고 인생을 고민했듯이, 조선 시대 기승으로
더 잘 알려진 진묵 대사가 그의 나이 7세 때 모 심던 인부들이
개구리를 마구 때려죽이는 모습을 보고 자비심이 생겨 출가를
결심하게 된 그 일화와 교훈들이 불교 집안에서 이제 한낱 '옛
날이야기'로 치부되고 있으니 안타까움이 더할 뿐이다.

테레사 수녀가 '신의 존재' 문제로 깊은 고뇌를 했던 적이 있
듯이 우리 불교계에서도 '연기설'에 따른 인과문제가 얼마나
현실적이고 준엄한 것인지를 깨우쳐주는 계기가 있길 바란다.
특히 불교 지도자일수록 '연기'에 대한 이론무장이 필요하고
그렇기에 바른 실천행으로 모범을 보여줘야 한다. 연기설을 존
중하지 않는 태도는 기독교계가 신의 존재를 의심하는 것과 다
르지 않다.

04. 매체의 힘은 콘텐츠 개발에 있다

현대사에서 불교신문의 역할

　현대사에서 불교 언론의 가장 기본적인 임무는 '문서포교'였다. '문서포교'의 역할은 6~70년대에 '사회의 목탁'이란 구호가 말해주듯 계몽과 비판의 기능으로 확대된다. 1960년 〈대한불교〉로 세상에 처음 나온 〈불교신문〉은 1954년부터 본격 전개되기 시작한 비구와 대처승단의 대립과정에서 불교 언론의 필요성이 대두해 창간됐다.

　당시 대처 측에서 〈현대불교〉를 만들어 비구 측에 불리한 기사를 보도하자 비구 측을 이끌었던 청담 스님이 대응 차원에서 〈대한불교〉를 출범시킨 것이다. 하지만 청담 스님이 창간사에서 〈대한불교〉를 단순한 종보(宗報)가 아니라 일간지와 유사한 종합지를 지향할 것을 표방하고 있는 것은 눈여겨 살펴봐야 할 대목이다.

이 창간사의 지향점은 현재도 '현대 불교사에서 불교신문의 역할'이라 의미를 부여해도 맞아 떨어진다.

현재도 〈불교신문〉은 "정법의 홍포와 불교의 권익보호, 교계 여론의 바른 계도를 통해 불교발전에 이바지함"을 발간목적으로 내세우고 있다. 이를 충족시키기 위해선 몇 가지 역할론이 전제돼야 할 것이다. 우선 내부적으로 선결돼야 할 문제는 두 가지로 압축된다.

첫째, 재정자립의 확보다.

어느 단체나 조직이든 안정적인 재정구조가 확보되지 않으면 정체성을 비롯해 존립 자체가 위협받게 마련이다.

둘째, 흔들림 없는 시스템 구축이다.

어떠한 상황에서든 외부의 간섭과 압력에도 조직을 지켜내려면 이를 방어할 수 있는 제도가 구축돼 있어야 한다. 이는 〈불교신문〉이 기관지로서 종단분규 때마다 치러야 하는 희생을 더는 반복해서는 안 된다는 염려이기도 하다.

외부적 역할론으로는

첫째, 전문지로서의 위상을 넓혀가야 한다는 것이다.

〈불교신문〉은 누가 뭐래도 전문성을 제일로 내세워야 한다.

보도기능 중에서도 전문성은 〈불교신문〉이 갖는 최고의 권위다. 이를 절대로 간과해선 안 된다.

둘째, 불교의 해외판 발행과 해외지국의 확대다.

지금은 국제화 시대다. 이에 걸맞은 〈불교신문〉의 위상은 마찬가지로 신문의 국제화에 있다. 그러기 위해서 영어, 중국어, 프랑스어 등 국외판 불교신문 발행도 중요한 의미가 있다.

셋째, 여론 선도를 위한 전문가의 참여 폭 확대가 이루어져야 한다.

과거 법정 스님이 〈불교신문〉을 통해 썼던 칼럼이 사회에 큰 영향력을 미쳤듯이 각 분야의 전문가들이 〈불교신문〉 옵서버로 참여해야 한다. 그리하여 이슈를 선점하고 사회적 여론을 형성하는데 영향력을 발휘하는 매체로 자리 잡아야 한다는 주문이다. 이는 언론의 비판적 기능을 강화하는 데에도 도움이 될 수 있다.

넷째, 불교의 콘텐츠 가치를 극대화하는 역할이다.

지금 우리나라는 다매체 다채널의 언론 범람시대에 놓여 있다. 특히 신문사의 방송진출은 유행처럼 번지고 있다. 이러한 상황에서 불교계만 유독 신문과 방송이 제각각 길을 가고 있는 것은 큰 아쉬움이다. 〈불교신문〉은 방송과 잡지(월간지 또는 계간지) 사업에로의 외연 확충과 이를 통해 콘텐츠 개발 및 제공을 이뤄야 한다.

구한말 우편제도의 도입이 매체 보급을 쉽게 하는데, 일조했듯이 다매체 다채널 시대로의 진입은 〈불교신문〉이 경쟁력을 제고(提高)하는 수단이기도 할 것이다. 구성원이 깊이 있게 논의하고 합심해 나간다면 현대 사회에서 불교신문의 역할은 날로 커질 것이 당연하다. 매체의 영향력 또한 막강해짐은 물론이다.

05. 웃음을 잃지 않는 사회

웃는 사람 주위에 사람이 모이고 사람이 모이는 곳에 잔치가 벌어진다.

부처님이 48년간 전법하시면서 베풀어 놓으신 모든 가르침을 일대시교(一代時敎)라 한다. 이 일대시교가 무엇이냐는 질문에 중국 당나라 말기의 대선사 운문 화상은 때와 장소에 따라 대기설법(對機說法)을 한 것이므로 다 좋다고 답한다.

대기설법은 설법을 듣는 사람의 형편과 수준, 그리고 상황에 맞게 가르침을 설하신 것을 말한다. 이와 비슷한 뜻으로 쓰이는 말이 응병여약(應炳與藥)이다. 어느 병에 걸렸느냐에 따라서 약을 처방한다는 뜻이다.

즉, 부처님은 마치 의사가 환자의 병에 따라 약을 처방하듯 중생이 무엇을 고민하고 아파하는지 거기에 맞게 적합한 비유

그물을 벗어난 금빛 물고기

와 예로 설법하셨다. 경전을 보면 부처님의 법문을 들은 중생들은 한결같이 마음의 평화를 찾는다. 다른 말로 하자면 웃음을 되찾는 것이다. 부처님의 가르침은 그러므로 웃음을 만들어주는 말씀이다.

불교에 화안애어(和顏愛語)라는 말이 있다.

미소를 머금은 환한 얼굴과 사랑이 담긴 말의 의미다. 화안애어는 최고의 자비 또는 보시라고 일컬어진다. 돈이 없는 가난한 사람도, 배움이 짧은 사람도 얼마든지 다른 이를 위해 할 수 있는 선물이다. 그래서 최상의 보시를 화안애어로 내세우는 것이다. 환한 얼굴과 친절한 말로 다가서는 사람은 어느 장소에서건 누구에게나 배척당하지 않는다. 오히려 가까이하고 싶어 하는 게 인지상정이다.

그런데도 웃음에 인색한 것이 우리 사회가 아닌가 생각해본다.

스탠퍼드 의과대학교 윌리엄 프라이 박사의 조사 결과에 따르면 6세 정도의 유치원생은 하루 평균 300번 정도 웃는다고 한다. 그러나 성인이 되면 그 20분의 1인 15번 정도 웃는다.

물론 여기에는 이유가 있다. 성인이 되었을 때 이런저런 걱정과 스트레스로 웃을 기회가 많이 줄기 때문이다. 그러나 우리나라의 경우 이보다 더 큰 이유가 숨어 있다. 바로 웃음에 대한 부정적 학습 영향 때문이다. 특히 유교적 관습이 남아있어 실없이 웃는 것에 대해 면박을 주기 일쑤다. 이런 교육을 은연중 받아 온 우리나라 성인들의 웃음은 서양의 성인보다 그래서 더욱 인색하다.

웃음은 행복의 징표다.

웃음은 화합의 기호다.

나아가 웃음은 사회를 건강하게 유지하는 상징이다.

웃음을 잃게 되면 내가 먼저 고통스럽다. 웃음이 제약받는 사회는 억압과 굴레의 취약구조로 되어 있다. 따라서 어느 사회든 만면에 웃음이 활기 칠 때 그 사회의 행복 척도를 가늠해 볼 수 있다.

늘 웃음을 잃지 않는 생활을 유지하기란 쉽지 않다. 우리 사회는 늘 기쁜 일만 있는 것이 아니다. 삶의 고충은 병에서도 오고 돈에서도 온다. 인간관계에서도 삶의 고통이 따른다. 이런 상황에서 무조건 웃으라고 강요할 수는 없다.

하지만 현재의 감정을 내세울 필요 또한 없다. 가능하다면 누구를 대하든 웃음으로 맞이하라. 웃음은 헤픈 것이 아닐뿐더러 실없고 가벼운 존재로 인식되지 않는다. 오히려 부처님의 미소를 전하는 보살처럼 이웃들에 다가선다면 웃음이 한결 가벼워질 것이다.

옛 조사들은 열반의 순간에도 편안한 웃음을 잃지 않았다. 그 한 가닥의 웃음이 수행자의 평생 행복을 보여주는 것이었으니 웃음의 의미가 얼마나 소중한 것인지 우리는 알아야 한다. 그 웃음이 오늘날의 우리에게도 전해지는 '행복 바이러스'라면 우리의 웃음 또한 이웃과 사회를 밝혀주는 자양이 아닐까?

웃음을 머금고 있는 모습은 삼국시대 불상에서도 흔하게 볼 수 있다.

고구려 불상인 '연가칠년명금동삼존불(延嘉七年銘金銅三尊佛)'은 서투르고 소박한 미소를 짓고 있다. 백제의 불상 중에는 '서산 마애삼존불(瑞山 磨崖三尊佛)'이 사심 없이 활짝 웃는 모습을 하고 있다. 백제 사람들의 맑고 다정한 마음씨를 알려주는 것 같다.

신라의 경우에는 현전하는 불상이 많아 웃음의 모습이 다채로운 것도 특이하다. '석굴암 본존불(石窟庵 本尊佛)'은 원만하고 은근한 미소로 깨달은 경지를 나타내 우러러보아야 한다면, '삼화령 미륵삼존불(三花嶺 彌勒三尊佛)'은 아기와 같은 표정의 천진스러운 웃음을 그득히 보여 친근하게 느껴진다. 국보 '미륵반가상(彌勒半跏像)'의 웃음은 이 세상의 모든 고뇌를 넘어서

려고 하면서도 따르지 못하는 중생을 생각하는 미묘한 표정을
아주 잘 나타내고 있다.

불상에서 볼 수 있는 웃음은 당시 불교관의 표현이다. 중생에
게 웃음을 안기려는 부처님의 자비하신 뜻이 불상에서 그대로
표현되고 있다. 따라서 불자라면 늘 웃는 모습을 잊지 말아야
한다.

행복은 웃음에서 시작되고 극락세계는 웃는 자에게 있는 법
이다.

그물을 벗어난 금빛 물고기

06. 초심이 던져주는 교훈

희망의 새해를 여는 힘은 어떻게 살아가야겠다는 계획과 그 계획을 이루기 위한 마음 다짐에서 나온다. 사람들은 보통 이러한 마음으로 새해 첫걸음을 시작한다. 이것이 초심이다.

초심은 나를 잡아주는 버팀목이자 강인하게 이끌어주는 채찍이다. 이런저런 유혹과 나태로부터 나의 존재를 각인시키는 메시지이자 일상적 삶 속에서 나를 업그레이드 시키는 신약(信藥)이다. 그럼으로써 궁극적으로는 내 삶을 빛나게 회향시킬 수 있는 '리모컨'이기도 하다. 초심은 그래서 엄격한 자기 관리를 요구하는 지계와도 같다.

다만 출가 수행자가 파계를 범했을 경우 대중의 질책과 그에 따른 벌칙이 주어지는 것과는 달라서 언제든 좌절과 포기의 유혹에 빠지기 쉽다. 오히려 초심을 잃고 변절과 꺾인 삶을 살기도 한다.

　그러나 초심을 잃으면 언제든 위기의 삶이 초래된다는 사실을 상기할 필요가 있다. 초심을 잃었다는 얘기는 바꿔 말하면 변칙과 타협을 용서했다는 말이 되고 이는 주위 사람들로부터 신망을 잃게 되는 상황을 부른다.

　언제부터인가 우리 사회에서 '초심으로 돌아가자'는 말이 심심치 않게 회자했다. 특히 정치인이나 유명 연예인들은 자신들이 위기에 몰릴 때마다 '초심으로 돌아가겠다.'고 공언하며 대중들에게 용서를 구하는 모습을 보였다. 도대체 초심이 대중들에게 어떤 의미로 받아들여지기에 위기돌파의 메시지로 작용하는 것일까.

　초심은 '순수하고 때 묻지 않은 열정'과 통한다. 갓 태어난 아기처럼 순수, 순진 그 자체다.

　경전에 보면 부처님의 법문을 '순일'(純一)한 것으로 묘사되는 장면이 적지 않게 나온다. 부처님의 법문은 과장하여 꾸미거나 수식하지 않는 것이어서 순일한 것이다. 또 듣기 좋은 말로 치장하거나 위협하거나 허세를 부리지 않아 순일한 것이다. 그러므로 허공 법계에 두루 하나 걸리거나 변색하지 않는다. 이것이 부처님의 순일한 법문이다.

　이 같은 순일한 상태에서 '그 무엇'을 이루겠다는 의지가 반영된 것이므로 초심을 받아들이는 대중들의 마음이 너그럽고 관대한 것이다. 그래서 대중은 때에 따라선 경륜 많고 노회한 사람보다 패기 넘치고 순수한 젊은이들에게 거는 기대가 더 크다. 그래서 초심을 지키는 일이야말로 매우 중요한 의미를 지닌다.

불교에서 '초발심시변정각(初發心時便正覺)'이란 말이 있다. 신라의 의상 스님이 화엄경의 뜻을 요약한『법성게』에 나오는 이 말은 처음 불도에 마음을 내디뎠을 때 그 마음이 바로 부처를 이룬다는 뜻이다. 처음 믿고 발심(서원)하는 마음이 중요하다는 점을 일깨우는 말이다.

부처님에게 초심은 중생들에게 놓인 생로병사의 문제를 푸는 데 있었다. 그래서 왕자의 신분마저 포기하고 성을 뛰어넘어 출가의 대결단을 내린 것이다. 그리고 끝까지 이 초심을 놓지 않았다.

생각해 보라. 부처님은 왕자의 신분으로 '빛의 세계'에 사셨다. 매일 궁녀들의 가무가 펼쳐지는 빛 속에서 젊은 나날을 보냈다. 이렇게 사신 분이 출가를 단행하여 저 깊은 숲속 '어둠의 세계'로 들어가는 것은 쉬운 일이 아니다. 처음 그 칠흑 같은 어둠만이 짙게 깔린 숲속에서 밤을 보낸다는 것은 웬만한 배짱과 용기가 없이는 불가능하다. 더욱이 온갖 독충과 뱀과 날짐승들이 있었을 그곳에서 맨몸으로 날을 지새우는 것은 상상만 해도 끔찍한 일이다.

그런데 무엇이 부처님을 그 어둠의 세계에 이르러 수행하게 했을까. 그것은 초심이었다. 부처님이 불퇴전의 용맹정진을 하게 만든 것이 바로 초심이다. 이 초심이 위대한 이유는 부처님 자신을 위해서가 아니라 중생들을 생로병사의 유전으로부터 구제해야 한다는 대승의 서원이 깃들어 있어서다.

우리는 이러한 부처님의 초심정신을 배워야 한다. 실제로 초심을 흔들리지 않고 끝까지 가져가는 사람의 인생은 성공하고 삶이 빛난다. 반대로 초심을 놓은 채 타협과 변절로 삶을 꾸리는 이들은 반드시 위기를 맞게 되고 어느 순간 나락으로 떨어지게 된다.

우리는 조선조 불교를 헐뜯는 『불씨잡변』을 남긴 정도전에게서도 초심과 관련하여 얻는 교훈이 있다. 정도전은 당시 불교의 종교적 순기능을 부인한 것이 아니었다. 이러한 관점에서 그는 불교가 지나치게 세속화하여 국가 재정과 민생에 미치는 역기능이 적지 않았으므로 이를 바로 잡고자 이 책을 썼다.

물론 이 책은 불교의 이해가 적확하지 못함으로써 많은 오류를 지니고 있다. 그렇지만 여기에서 우리는 지나치게 세속화의 길을 걸었던 불교계의 사정을 살펴볼 필요가 있다. 고려말 불

그물을 벗어난 금빛 물고기

교는 국민에게 의지처가 되지 못했다.

오히려 부패한 왕권의 권력유지수단으로 이용하고 있었다. 이러한 때 정도전이 단순히 권력을 잡으려고만 했다면 그토록 위험한 도박에 수없이 목숨을 걸고 뛰어들었을까. 그는 첫 귀양을 갈 때부터 '사람은 한 번 죽는다.'는 비장한 시를 남겼다. 그를 이토록 강하게 만든 것은 썩은 정치를 정화하고 도탄에 빠진 백성을 구하자는 것이었다.

그리고 그가 꿈꾸고 열망하는 튼튼한 나라를 세우자는 것이 그를 강인하게 만든 원동력이었다. 또한, 이렇게 꿈꾸며 자기 자신을 다잡은 것이 바로 그의 초심이었다. 그의 초심은 조선 초 경제정의실현과 실업자 구제 등 민본정치의 핵심을 여는 데 이바지했다.

반면 불교계는 핍박과 외압에 굴복하여 왕실의 보호에만 전격 의존한 채 타락의 후유증을 극복해 내는 데 실패했다. 초심이 사라진 지 오래였기 때문이다.

오늘날 우리 교계에서 이러한 모습은 과연 없는지 자성해 볼 일이다. 종단의 요직에 있으면서 사욕을 앞세우는 지도자들이 있다면 초심으로 돌아가 주기 기대한다. 말은 끝이 있으나 뜻에는 끝이 없다는 경구를 가슴에 새긴다면 초심이 갖는 변화의 힘을, 그 위력을 실감할 것이다.

기복은 불교가 아니다

한국불교의 현 모습은 기복신앙으로 채워져 있다고 해도 지나친 말이 아니다.
기복으로 이루어진 이러한 현상은 2천만 불교도를 내세운다 해도
진정한 불교가 아니라는 점에서 반드시 극복해 내야 할 한국불교의 과제다.
더욱이 기복불교를 옹호하는 논지는 현재진행형이다.
이 글은 부처님의 근본교리에 입각한 정법불교로 돌아가자는 취지에서 게재한다.
기복으로 흐르는 불교는 결코 불교라고 할 수 없다.

1. 기복불교 옹호론의 문제점

불교는 석가모니 부처님(B.C.623~B.C.544)이 개창한 종교이다. 부처님은 중생이 영원한 행복과 자유를 누릴 수 있는 구원의 길을 제시하셨다.

불경은 중생구제의 목적과 방편에 대해 언급해 놓고 있으며 이것이 곧 불교의 교리다. 불자는 부처님이 제시한 교리를 통해 참된 행복을 추구하고 구원의 길을 걷고자 한다.

누구나 다 알고 있는 이 평범한 사실을 거듭 말하지 않을 수 없는 이유는 최근 불교 내에서 진행된 기복불교 논란에 상당한 오해와 논리적 비약이 발견되고 있기 때문이다. 〈불교평론〉과 〈법보신문〉이 주도해 온 이 논쟁은 비판과 옹호라는 뚜렷한 시각 차이를 보인다.

먼저 〈불교평론〉은 2001년 여름호 특집 '기복불교를 말한다'

에서 기복불교에 대한 비판적 입장의 논의를 폈다. 이어 이 잡지의 홍사성 주간은격월간 〈불교와 문화〉(2002, 1·2호)에 '기복신앙은 불교가 아니다'라는 주장의 글을 실어 파문을 일으켰다. 이러한 기복불교 비판론을 비판하고 옹호론을 전개한 것이 〈법보신문〉이었다.

이 신문은 1면 머리기사●를 통해 기복불교를 비판하는 것은 한국불교의 자존심을 건드리는 행위라고 보도했다. 이어 기복불교에 대해 긍정적인 생각을 하는 인사들의 기고와 칼럼을 지면에 반영함으로써 기복불교 비판론을 비판하고 옹호 논리의 개발에 앞장서 왔다.

이러한 기복불교 비판론과 옹호론을 지켜보면서 필자는 다시금 처음부터 불교의 '근본'과 '본질'을 얘기하지 않으면 안 되겠다는 생각을 하게 됐다. 사실 한국불교에 있어서 기복신앙은 매우 광범하게 퍼져 있는 신앙현상인 것은 분명하다.

〈법보신문〉 '데스크 칼럼'에서도 지적했듯 (기복불교 아니면)"포교는 무슨 돈으로 하고 사찰은 어떻게 유지하며, 스님들은 무슨 돈으로 공부해야 하나 …… 기복이 사라진 한국불교의 그 큰 빈 곳에 현실적으로 기복 대신 무엇이 채워질 수 있는지"●라고 했

● 〈법보신문〉, 647호, 2002. 3. 13.
● 〈법보신문〉, 675호, '데스크의 눈'.

다. 걱정될 정도로 기복불교는 한국불교에서 절대적 의미가 있는 신앙이다.

그러나 분명한 것은 기복신앙이 한국불교를 지배하고 있다 하더라도 반드시 극복돼야 할 대상이라는 점이다. 기복불교는 아무리 교묘한 논리를 전개해도 불교의 본질과는 아무 상관 없는 신앙체계이기 때문이다.

또, 문제는 기복불교에 대한 비판과 옹호론이 맞서면서 대척점이 생기기 시작했다는 안타까움이다. 기복의 문제는 솔직히 말해 논쟁의 대상일 수 없다. 신앙의 행태가 기복으로 흐르고 있는 게 태반이라면 그 현상을 현실로 인정할 수 있지만, 그렇다고 불교의 본질 안으로 흡수할 수는 없다.

그것이 불조(佛祖)의 가르침을 거스르고 교리적으로도 타락과 왜곡을 부를 수 있는 사안이라면 반드시 극복 또는 시정돼야 한다. 따라서 기복을 어떻게 극복하느냐와 관련해 방법과 대안의 차이에 관해서는 논란이 있을 수는 있어도 비판과 옹호라는 대척 관계는 바람직하지 않다.

오히려 불교의 미래를 위해, 불교의 세계화를 위해, 전법도생(傳法渡生)의 역할과 기능을 보다 확대하기 위해서라도 교조와 교리의 가르침을 환기하려는 애정 어린 비판은 꼭 있어야 한다. 역사의 발전적 동력은 바로 이 같은 비판적 인식에서 비롯된다는 것을 알아야 한다. 부처님께서 인도 재래의 제사와 주술을 멀리하면서 불교를 개창했던 정신을 헤아려보면 이의 이해가 어렵지 않다.

　이 글에서는 논지의 일관성을 유지하기 위해 기복에 한정해서 그 옹호론의 잘못됨을 지적하고자 한다. 앞의 논쟁들이 초기불교와 대승불교의 정체성과 교리적 해석, 역사적 전개에 따른 불교의 신앙형태 변이 등에 대해서까지 확대하여 기복의 옹비(擁批)를 논하다 보니 궤도를 벗어나 설득력을 반감시켰기 때문이다.

01. 기복과 작복의 혼동

기복불교에 대한 논쟁에서 논자들은 기복을 매우 다양한 시각으로 바라보았다. 일례로 "수행 방편과 근기 그리고 아홉 종류의 인간상을 유념하면서 '깨달은즉슨 정법 아닌 것이 없고, 깨닫지 못한즉슨 그가 엮어내는 자칭 정법 또한 삿된 법이 될 수밖에 없다'는 일깨움을 돌이켜보면 '기복신앙'만을 굳이 불교의 근본 교리에 어긋난다고 단정할 수 없게 된다."[●]는 주장과 "어떤 일을 함으로써 그 대가로 복을 받자는 의식구조 아래서 이루어지는 모든 신행 형태를 기복불교라 정의하고자 한다."[●] 등이 그것이다.

이외 앞의 필자들과 함께 기복을 옹호하는 논자들의 공통된

● 권경술, '기복신앙의 지양방안', 〈참여 불교〉 2002.5~6월호, p.35.
● 성태용, '기복불교, 제대로 하자', 〈참여 불교〉 2002.5~6월호, p.44.

견해는 기복신앙이 불교의 본질은 아니더라도 방편으로 인정해야 한다는 것, 행복을 추구하는 신앙 행위가 기복이란 이름으로 일방적으로 매도돼서는 곤란하다는 것으로 요약할 수 있겠다.

그러나 이들의 주장은 신앙적 정서에 의지한 기복의 정의일 뿐이다. 문제는 기복을 옹호하는 데 있어서 교리적 근거나 해명이 없다는 데 있다. 기복을 정당하다고 하려면 어디에 그런 가르침이 있는지부터 밝혀야 한다. 옹호론자들은 이 점을 간과하고 궁색하게 기복을 자꾸 작복으로 해석하고 있다. 그 대표적인 예가 김성철 교수의 글이다.

"우리는 초기불전 곳곳에서 기복과 작복의 가르침을 만날 수 있다. 부처님께서는 재가자를 대하실 때 해탈의 가르침 이전에 보시하고 계를 지키면 하늘에 태어난다는 가르침을 베푸셨다. 이를 차제 설법이라 부른다. 또, 대열반 이후 사리탑의 관리를 재가자에게 맡기심으로써 발복을 권하셨다. 부처님과 스님들에게 공양물을 올리고 탑을 조성하며 사원을 건축하는 것이 복을 짓는 행위임은 초기불전 곳곳에서 발견된다."•

김 교수의 이 글에서 기복을 작복으로 해석함으로써 '기복=작복'이라는 오해를 부른다. 이러한 잘못은 이미 조준호 박사

• 〈법보신문〉, 651호, 2002. 4. 10.

에 의해 지적되었다. 조 박사는 "초기불교 곳곳에서 기복과 작복의 가르침을 만날 수 있다는 김 교수의 주장은 기복과 작복의 개념을 어떻게 설정할 것이냐는 문제와 관련된다. … 이제까지 그의 다른 글을 통해서도 두 개의 용어를 같은 뜻으로 혼용해 쓰고 있는 것으로 파악된다."●고 말함으로써 기복과 작복의 구분을 명확하게 할 것을 주문하고 있다.

기복과 작복의 구분이 명확하지 않은 것은 교계 신문에서도 예외가 아니다. 기복불교 논쟁과 관련해 〈만불신문〉은 사설에서 "복 짓는 행위는 신앙 행위이다. 그것을 부정하고 금지한다면 어떻게 될까? 기복불교를 부정하는 사람들이 더 잘 알 것이다. 복 짓는 행위도 부처님 가르침을 실천하는 것이다"●고 주장하고 있는데 '복 짓는 행위'를 기복으로 잘못 인식하고 있다. 이처럼 기복과 작복에 대한 개념의 혼동과 이해부족은 여러 곳에서 나타나고 있다.

이에 기복이 무엇이고 불교에서 강조하는 작복은 무엇인지 정확하게 이해할 필요가 있다. 무엇보다 이 두 용어에 대한 개념이 정확하게 파악돼야 올바른 기복 논쟁이 이루어질 것이기 때문이다.

● 〈법보신문〉, 652호, 2002. 4. 17.
● 〈만불신문〉, 51호, 2002. 2. 1.

기복은 말 그대로 복을 받기 위해 절대자의 가피를 바라는 기도행위이다. 불교는 교리상으로 기복의 방법에 따라 행복을 추구하라고 가르치지 않는다. 무엇보다 불교에선 초월적 신이 부재하기 때문이다. 대개의 사람들이(특히 비불자의 경우는 더욱 그렇다) 부처님이나 보살을 신으로 생각하지만 그렇지 않다는 것을 논자들이 더 잘 알 것이다.

부처님은 깨달은 스승이자 성인이지 중생들에게 그 어떤 초월적 능력을 보여주는 존재가 아니다. 보살도 마찬가지다. 제 보살은 각각 중생구제의 서원을 밝히고 있는데 그 구원의 힘은 초월적 능력에 의해서가 아니라 자신의 뼈를 깎는 정진과 원력을 바탕으로 하고 있다. 그래서 초월적인 능력을 발휘하는 신과는 그 성격부터가 다르다. 기복은 이들 제 불보살을 신격화하는 그릇된 신앙 행위에 다름 아니다.

그렇다고 불교는 중생이 종교에 의지하는 기본 목적인 행복 추구를 강조하지 않는 것은 아니다. 기복이 신에 의지하는 여타의 종교에서 행해지는 것이라면 불교에선 작복(作福)과 수복(修福), 그리고 구복(求福)이 있다.

작복이란 말 그대로 행복해지고자 하거든 복 받을 일을 하라는 것이다. 불교는 연기사상을 골격으로 세계관과 인생관을 설명한다. 내가 짓는 복도 인과응보요 연기의 법칙에 적용된다.

그물을 벗어난 금빛 물고기

지극 정성으로 기도했는데 영험이 나타났다는 말은 초월자의 힘으로 가피를 받았다기보다 복 받을 만한 행위를 했음을 의미한다.

그러면 어떻게 하는 것이 작복인가. 그것을 부처님은 보시와 지계로 말씀하셨다.

보시가 나눔의 행복추구라면 지계는 절제와 금도를 통해 한결같은 평심을 유지하는 것이다. 다시 말해 끝없이 솟구치는 욕망을 줄이라는 것이다. 그러나 이마저도 자칫 유루복(有漏福)에 흘러 생사윤회를 거듭할 수 있다며 궁극적으로는 영원한 행복을 누릴 수 있는 무루복(無漏福:새지 않는 복)을 닦는 것이 옳다고 가르치고 있다.

구복은 행복을 추구한다는 의미다. 보통 사람에게 행복이란 재산과 건강, 사랑과 장수, 명예와 같은 조건이 충족된 상태를 말한다. 그러나 이런 세속적 행복은 유한한 것이다. 때에 따라서는 불행의 씨앗이 되기도 하기 때문이다. 이것이 유루복에 해당하므로 어디까지나 다함이 없는 영원한 행복인 무루복을 닦아야 한다는 것이다. 그런데 한 가지 특기할 점은 불교에서 유루복을 무조건 무가치한 것이라고 말하지 않는다. 게다가 복을 받고 싶어 하는 욕구 자체를 잘못됐다고 비난하지도 않는다.

오히려 경전에서는 복덕을 구족하기 위한 방법이 무엇인가를 일러주는 대목이 있다. 부처님의 십대제자 중 하나인 아니룻다가 정진에 몰두한 나머지 앞 못 보는 시각장애인이 되었을 때 부처님은 친히 그의 옷을 꿰매주며 복덕을 짓는 일이라고 말하는 대목은 구복의 한 좋은 예다.

불교에선 이처럼 복을 짓거나 닦고 구하는 행위를 권하고 있다. 한마디로 공덕 주의를 강조하고 있다. 이와는 달리 기복을 권하는 구절은 경전의 어디에서도 나오지 않는다.

진정한 불자의 도리는 부처님 말씀대로 사는 것이다. '행복을 추구하거나 누리는 방법'이 그릇된 사견과 수단을 동원해 이루어지는 것이라면 서글픈 일이다. 어쨌든 불교의 교리를 일탈하면서까지 기복이 이루어지는 현실을 인정해야 한다면 그것은 '기복불교'가 아닌 '기복신앙'일 뿐이다. 기복은 불교가 아니기 때문이다. 필자는 기복불교라는 용어를 부정하는 이유가 여기에 있다.

02. 방편론은 자기를 기만하는 변명

　기복신앙을 옹호하는 대부분의 논자는 기복이 불교의 본질은 아니더라도 방편으로 인정해야 한다고 말한다. 복을 구하고자 하는 인간들의 근기에 따라 행해지는 기복을 인정하고 어느 수준에 도달하면 작복불교로 이끌어 가는 게 순서가 아니겠느냐는 논지를 편다.

　'기복도 공덕 짓기의 한 방편이다'고 주장하는 성태용 교수의 글●이나 "기복적 신행은 누구나 거쳐 가는 일종의 과정이다. 기복이라는 뗏목을 택하여 불교에 입문했다고 해도 바른 공부가 이어지면 결국 저절로 소멸하는 운명을 지닌 신행 행위라는"주장●이 그것이다.

● 〈법보신문〉, 642호, 2002. 1. 30.
● 〈법보신문〉, 데스크의 눈, 675호, 2002. 11. 15.

이 같은 논지는 일견 매우 그럴듯해 보인다. 그러나 여기엔 그렇게 주장하는 사람들이 자기를 기만하는 변명이 포함돼 있다. 즉 기복의 현실론에 빠져 본질을 외면하고 있다가 나중에 가서 목적이나 원칙 자체를 왜곡하는 것이다.

무엇보다 방편이 불교의 교의에 충실하기 위해 선한 목적으로 쓰이지 않는다면 이는 참된 방편이 아니다. 또한, 무엇보다도 기복으로 출발해서 정법으로 돌아온 사례가 얼마나 되는지 묻고 싶다. 실제 사찰에서 기복 옹호론자들의 주장처럼 그렇게 하고 있는지 냉정하게 되돌아봐야 한다는 얘기다.

방편이 잘못 적용되고 쓰일 때 얼마나 위험한 함정이 도사리고 있는지를 생각해볼 필요가 있다. 우선 비불교적 신앙행태도 '불교의 것'인 양 동화가 되어버린다는 문제가 대두한다. 그러다 보니 때로는 방편이란 이름을 앞세워 '점쟁이'도 포교의 전위대로 포장되는가 하면 '굿'과 '역술'마저 용인되는 현상까지 부르게 한다.

방편은 무지몽매한 중생들에게 부처님의 깨달음을 어떻게 일러주느냐 하는 문제다.

미혹한(無明) 중생을 지혜의 길로 끌어내는 수단이 방편이다. 그래서 불교는 '사람을 바꾸는' 역할과 기능을 가져야 한다. 불

그물을 벗어난 금빛 물고기

교입문은 바로 '사람 바꾸는' 실마리며 시작이다. 그런데 '사람 바꾸는' 역할 대신 미혹함으로 몰고 가는 행태가 바로 기복이다. 아무리 좋은 방편을 쓴다 하더라도 바른길로 인도하는 것이 아닌 것은 속임수에 불과할 뿐 오히려 중생을 더욱 미혹 속으로 몰아가는 우를 범하게 된다.

여기서 우리는 방편의 의미를 다시 한 번 되새겨봐야 한다. 방편은 범어 우파야(upaya)를 번역하면 '(깨달음에)접근하다' '도달하다'의 뜻이다. 즉, 좋은 방법을 써서 중생을 인도하는 것을 뜻한다. 다시 말하면 '훌륭한 교화방법'이자 차별의 사상(事象)을 알아서 중생을 제도하는 지혜를 일컫는다●

『법화경』〈방편품〉이나 〈비유품〉에 따르면 우매한 중생을 깨달음으로 인도하기 위해 '거짓말'도 하나의 방편으로 사용되는 예도 있다. 불난 집에서 철모르고 놀고 있는 아이들을 밖으로 끌어내기 위해 '희유하고 얻기 어려운 장난감'이 있다며 구출해내는 장면이 그것인데 이도 역시 깨달음으로 이끄는 방편과 비유의 예화다.

하지만 어느 경전에서도 기복을 방편으로 내세워 중생을 교화하는 예는 없다. 이의 이해를 돕기 위해 중아함『가미니경』에 나오는 얘기를 함께 음미해 보자.

●《불교학 대사전》, 전관응 감수, 홍법원 간.

부처님이 가미니라는 마을을 방문했을 때 그 마을의 촌장이 부처님을 찾아와 "어떤 종교인은 기도하면 병든 사람도 고칠 수 있고 악한 일을 한 사람도 천상에 태어나게 할 수 있다는데 당신도 그런 능력이 있습니까?"라고 물었다. 부처님은 그에게 이렇게 반문했다. "촌장이여, 가령 저 호수에 어떤 사람이 돌을 던졌다고 합시다. 많은 사람이 호수 주변에 모여 합장하고 '돌멩이여, 떠올라라' 하고 기도를 했을 때 과연 돌멩이가 떠오르겠습니까?" 촌장은 그럴 수 없다고 말했다. 그러자 부처님이 다시 물었다. "촌장이여, 저 호수에 어떤 사람이 기름을 부었다고 합시다. 사람들이 모여서 합장하고 기름이 물속으로 가라앉게 해달라고 기도하면 기름이 가라앉겠습니까?" 촌장은 역시 그렇게 될 수 없다고 말했다. 이에 부처님은 그에게 말했다.

"촌장이여, 그와 같습니다. 아무리 기도를 해도 돌멩이는 떠오르지 않고 기름은 가라앉지 않습니다. 그처럼 기도한다고 악한 일을 한 사람이 천상에 태어나거나 착한 일을 한 사람이 지옥에 떨어지는 일은 없습니다. 이것이 바른 생각입니다. 촌장은 이를 바로 알아 이렇게 살아야 할 것입니다."

부처님께 신비와 능력을 기대했던 가미니의 촌장에게 부처님은 어떤 것이 정법이며 어떻게 사는 것이 바른 삶인지 일깨워주고 있는 대목이다.

그물을 벗어난 금빛 물고기

이 『가미니경』에서 들려주는 교훈을 간과하지 않는다면 기복은 절대 방편으로 수용될 수 있는 성질이 아님을 알 수 있다. 방편이 강을 건너는 데 필요한 '뗏목' 같은 것이라면 강을 건넜을 때 뗏목은 버려야 한다. 하지만 기복은 뗏목의 구실조차 할 수 없는, 차라리 신기루에 가깝다. 탈 수도 버릴 수도 없는 뗏목이 방편일 수는 없다. 기복은 강을 건너 주지 못하는 뗏목이자 중생을 나약하게 만드는 신기루의 환영에 불과한 것이다.

방편이란 이름으로 옳지 못한 수단과 방법까지 포용하려는 일부 주장에 대해 다음 지적은 적지 않은 설득력을 던져준다.

"불교라는 깃발을 들지 않는다면 모를까 불교를 불교이게 하려면 폭넓은 관용주의 못지않게 무엇이 원칙이고 진리인가를 거듭 확인해야 한다. 그런 다음에 방법과 수단을 생각해야 한다. '무당과 점쟁이가 포교의 첨병'이라는 식의 발상은 무책임하고 백해무익하다. 목적이 좋다고 수단을 무시하거나 새로운 방법이 필요하다고 원칙을 포기하면 모든 것이 뒤죽박죽되기 때문이다. … 그것이 원칙을 넘어서는 것일 때, 목적과 상관없는 것일 때, 결과는 엉뚱하게 나타난다. 대승불교의 포용주의가 무당불교가 되고 선불교의 자유주의가 도덕적 방종으로 이어질 수 있다."•

• 〈불교평론〉, 홍사성, '목적을 위한 방편이어야 한다' 권두언, 2002, 가을호.

'기복을 넘어 작복'으로 가자고 하는 주장에는 방편론이 들어 있다. 그러나 처음부터 빗나간 방편론은 아무런 효과도 없다. 한국불교의 경험이 이를 말해주고 있다. 그런데도 기복을 방편으로 허용해야 한다고 주장하는 것은 목적이나 원칙보다는 현실과 대중의 구미만을 생각하는 대중추수주의라는 비난에서 벗어날 수 없다. 방편은 깨달음과 관련한 훌륭한 교화방법에 가까운 것이지 기복과 주술 등 타력(他力)에 의존하자는 것이 아님을 다시 한 번 확인해둘 필요가 있다.

03. 일부 사례를 들어 기복불교를 옹호하는 논리의 문제점

✿

기복과 관련해 불자를 현혹하는 또 다른 문제는 일부 사례를 들어 기복불교를 옹호하는 자세다. 과거에도 기복신앙의 흔적이 있었다거나 남방상좌부에도 기복신앙이 있었다는 점을 예로 들면서 기복신앙이 우리만의 문제가 아니라 보편적인 것이요, 그러니 괜찮다는 식의 논리다.

예를 들면 울만 파트리크(미국 UCLA 강사) 씨는 〈법보신문〉에 기고한 글에서 '초기 부파불교 시대에도 기복신앙은 있었다'•고 밝히면서 한국불교의 기복 현상도 나무랄 것이 아니라고 주장

• 〈법보신문〉, 676호, 2002. 10. 16. 이 글에서 파트리크 울만 씨는 "최근 고고학의 성과에 따르면 기원 이전부터 승려들은 자신이 소유한 돈을 가지고 글을 전문적으로 쓰는 사람한테 자신의 부모가 사후에 극락왕생할 수 있도록 축원하는 비명문을 주문한 경우가 허다했다는 사실이 밝혀졌다. 이러한 사실은 초기부파불교 시대에 이미 기복이라고 할 수 있는 다양한 신행 형태가 있었음을 시사하는 것이다."라고 말하고 있다.

하고 있다. 또 송위지 교수는 〈불교평론〉에 기고한 '상좌부 불교의 역사와 전통'이란 글에서 "상좌부 불교에도 기복신앙이 있었다."●라고 밝히고 있다.

그런가 하면 앞서 인용한 김성철 교수도 〈법보신문〉 기고문에서 '초기불교에도 기복신앙의 흔적이 전해진다'는 주장을 펴고 있다. 물론 이들의 주장대로 복에 대한 인식이 바뀌면서 기복 형태를 띤 신앙 행위가 초기불교 시대에 있을 수도 있다. 시대가 흐르고 경제관념이 바뀌면서 복전에 대한 인식변화도 있었을 것은 충분히 상상할 수 있는 일이다. 또 비교적 초기불교의 전통을 잘 보존하고 있는 남방상좌부에도 그런 흔적은 찾아볼 수 있을 것이다.

그러나 이러한 변화와 현상의 흐름을 놓고 기복을 정당화하려는 것은 문제가 있다. 일례로 불전에는 데바닷타가 부처님을

● 송위지, '상좌불 불교의 역사와 전통', 《불교평론》, 2002, 겨울호.
　송위지는 이글에서 남방상좌부 불교에도 분명 기복적인 요소와 의식이 있다면서 "이런 사회 일반적인 요소 말고 파알리 경전 내부에도 역시 기복적인 요소가 설해지고 있는데 그 대표적인 것이 피릿의식이다. 피릿은 '보호' '안전' '수호' '주문' '부적' '호주(護呪)' '호경(護經)'의 뜻을 지니고 있는데 (중략) 파알리 경전에서 유일하게 타력적인 방법을 통하여 고난을 극복하기 위해 석가모니 붓다가 인정한 의식으로 붓다 역시 이 의식을 행했다는 기록이 전해지고 있다."라고 주장한다. 이 기록의 출전을 밝히지 않아 섣불리 단정하긴 애매하나 우리나라 역사를 서술하는 비기(秘記)에도 황당무계하고 미신적인 사건들을 보여주는 예화는 많다. 이를 모두 역사적 사건으로 받아들이고 믿으라 하는 것은 잘못이다.

　　　　　　　　　　　　　　　　그물을 벗어난 금빛 물고기

배반하는 장면이 묘사되고 있다.

데바닷타가 몇 차례에 걸쳐 부처님을 위해 하려는 시도가 있었다. 이러한 역사가 있다고 해서 불교에서 배반을 정당하다고 가르치지는 않는다. 마찬가지 논리로 초기불교 혹은 부파불교 시대에 기복의 역사가 있다고 해서 기복을 정당화할 수 없다는 것이다. 남방불교에도 기복신앙이 있다는 것도 같은 맥락에서 정당화할 수 없다.

그런가 하면 기복신앙 문제를 종교 현상학적으로 설명하려는 시도도 있다. 예를 들면 김용표 교수는 초기불교에도 기복신앙이 있었다는 주장을 견지하면서 이를 종교사학 관점으로 해석하고 있다. 그는 "종교사학의 관점에서 보면 대승불교뿐만 아니라 모든 종교와 사상은 역사적이며 문화적인 산물이다. 그러나 그것을 신앙하는 이들의 마음은 초역사적이라는 사실을 주목해야 한다"고 전제하고 "현대 종교학은 '신앙의 존중'과 '다른 신앙형태에 대한 구조화된 감정이입'이라는 방법론을 견지하면서 종교현상을 이해하고자 한다."●고 밝히고 있다. 한마디로 불교신앙에서 나오는 여러 잡다한 신앙 행위까지 종교사 학적 안목으로 이해해야 한다는 주장이다.

그러나 김 교수의 이 주장은 스스로 자신의 모순을 드러내고

● 〈법보신문〉, 초기불교 지상주의를 경계한다, 647호, 2002. 3. 13.

있다. 종교사학적 관점이란 종교현상에 대한 배경과 의미를 분석할 뿐, 그것이 옳다 그르다 하는 가치판단에는 개입하지 않는 것으로 알고 있다. 그런데도 스스로 어떤 관점에 서서 '현상학적으로 그러니 옳다'라며 객관성을 상실하고 있다.

기복 옹호론자들의 논지가 대부분 이런 식이다. 과거에 그런 사례가 있었으므로 우리만의 문제가 아니요 보편적이고 괜찮다는 것이다. 부처님의 가르침에 따라 그것의 '옳고 그름'은 별 문제가 되지 않는 것이다. 문제는 이러한 인식이 하나의 현상으로만 남는 게 아니라 후유증과 부작용 등 역기능이 우려된다는 점이다.

실제로 한국불교의 신앙형태는 불교의 정법에서 일탈해서 비법이 아니면 불교를 말하기 어려운 지경에 이른 지 오래다. 본말전도의 원인이 어디에 있는가를 생각하면 기복불교에 대한 일말의 옹호론은 거듭 비판받아 마땅하다.

이즈음에서 우리는 왜 초기불교에 주목하자고 목소리를 높이는지 이유를 잘 헤아려 볼 필요가 있다. 그것은 원칙과 상식 수준의 궤도를 일탈해 있는 현실을 우려하기 때문이다. 하나의 학원을 설립해도 건학이념이 있게 마련이다. 한 단체를 창립해도 개창정신과 설립지표를 내세운다. 이것은 훗날 관련 단체의 중심을 바로 잡아주는 역할을 한다. 마찬가지로 한국불교의 현실이 우려할 만한 수준으로 전개되고 있다면 불조의 혜명을 떠올리게 하는 것은 당연한 이치다. 마땅히 초기불교를 주목해야 하는 까닭도 여기에 있다.

2. 기복신앙 극복을 위한 제언

01. 교리에 따른 신행 활동

 부처님이 깨달음을 성취한 후 범천의 권청을 받아들여 설법하기를 결심하고 밝힌 대목은 시사하는 바가 크다. 『증일아함경』10권 〈권청품〉에 의하면 부처님은 이렇게 말씀했다고 한다.
 "그들에게 감로의 문은 열렸다. 귀 있는 자는 듣고 낡은 믿음을 버리라."
 부처님이 여기에서 강조하고 있는 '낡은 믿음'이란 무엇인가. 당시 인도 사회는 대개의 종교가 그렇듯 인간의 행복과 불행을 설명하는 데 있어서 세 가지 견해를 밝히고 있었다. 모든 것은 숙명적으로 결정돼 있다는 숙명론(宿命論), 전능한 신의 뜻에 결정된다는 신의론(神意論), 모든 것은 우연으로 이루어진다는 우연론(偶然論)이 그것인데, 부처님은 기존의 이런 관념과 인식을 배격하고 있다.•

낡은 믿음에 대한 배격은 인도사회에서 신 불교 운동을 제창했던 암베드카르에 의해서도 나타난다. 암베드카르는 불교 신자로 입문할 때 계율의 준수 등을 선서하는 의식을 동반하는데, 그 선서는 마라디어로 22개의 항목으로 이루어져 있다. 이 가운데 처음 8항목은 "나는 브라흐마, 비슈누, 마헤슈와라(창조 유지 파괴를 맡은 힌두교의 세 신인데 이 가운데 마헤슈와라는 시바 신을 말한다)를 신으로 인정하지 않고 또한 숭배하지도 않는다."는 등 힌두교와 그 관습을 거부하는 서약이었다. 이러한 옛 신앙의 부정 위에서 불교도로서의 올바른 생활을 서약했다.• 암베드

• 부처님은 『중아함경』 제3권 〈도경(度經)〉에서 "일체의 행위가 숙명적이라거나 존우(尊祐=神)의 뜻이라거나 또는 우연이라고 말하는 것은 진리가 아니며 옳지 않다. 만약 그런 주장들이 진리라면 사람들은 해야 할 일과 하지 않아야 할 일에 대해 가르칠 것이 없다. 만약 해야 할 일과 하지 않아야 할 일에 대해서 진실 그대로 알지 못하면 바른 생각을 잃을 것이요, 바른 지혜가 없으면 가르칠 수 없을 것이다."라고 말씀하고 있다. 이어서 부처님은 괴로움을 멸하고 영원한 행복인 열반을 얻기 위해선 연기의 진리를 바로 알아 팔정도를 닦아야 한다고 강조하고 있다.

• 山崎元一 著, 전재성·허우성 역, 《인도사회와 신 불교 운동》, 한길사, 1983, p.153 155.
불교입문의 맹서 22개 항은 다음과 같다.
나는 브라흐마 비슈누 마헤슈와라를 신으로 인정하지 않고 또한 숭배하지도 않는다. 나는 라마와 크리슈나를 신으로 인정하지 않고 또한 숭배하지도 않는다. 나는 가우리(시바

카르의 이 같은 서약은 과거 인도불교가 힌두교에 동화돼 차츰 쇠망의 길로 접어든 교훈을 거울삼은 것이다.

암베드카르는 미래사회에 알맞은 종교의 조건으로 ① 도덕성을 기초로 할 것, ② 과학과 이성에 모순되지 않을 것, ③ 사회생활의 기본적 신조인 자유·평등·우애를 인정할 것, ④ 빈곤을 축복하지 않을 것(가난한 자는 행복하다는 사상은 이 세상을 지옥으로 만드는 사상이다)의 4개항을 제시했다.●

이중, ②항 과학과 이성에 모순되지 않을 것이란 내용은 최근 종교학자들 사이에서도 적지 않은 반향을 불러일으키고 있다.

그런데도 한국불교의 신행 현실은 어떠한가.

신의 처, 월경전의 소녀)나 가나빠띠(집단의 수령)와 같은 힌두 신전의 남신, 여신 중 어느 쪽도 신으로 인정하지 않고 또한 숭배하지도 않는다. 나는 화신(化身, 신들이 변해서 다른 것으로 나타난다는 사상)을 믿지 않는다. 나는 붓다가 화신인 것, 즉 그가 비슈누의 화신인 것을 믿지 않는다. 도리어 나는 그것이 거짓 선전이라고 생각한다. 나는 조령제(祖靈祭)를 지내지 않고 제사떡을 드리지 않는다. 나는 붓다의 법에 거슬리는 어떠한 관행도 따르지 않는다. 나는 어떠한 의식이나 제식도 브라흐만의 손에 의해서 집행되는 일을 하지 않는다. 나는 모든 사람이 평등하다고 믿는다. 나는 평등권을 확립하기 위해 노력한다. 나는 붓다에 의해 가르쳐진 8정도를 따른다. 나는 붓다가 가르친 불교 교단의 십계를 지킨다. 나는 모든 생물을 자비롭게 보호한다. 나는 도둑질을 하지 않는다. 나는 거짓말을 하지 않는다. 나는 사음을 하지 않는다. 나는 술을 마시지 않는다. 나는 불법승 삼보의 원리인 지식, 선행, 자비를 나의 인생지침으로 삼는다. 불평등 주의로 젊은 날의 나의 진보를 방해한 힌두법을 나는 고발하고 또한 거부한다. 그래서 나는 붓다의 법을 택한다. 나는 불교야말로 유일한 참된 종교라고 확신한다. 나는 새로운 생활에 들어간 것을 확신한다. 나는 붓다가 가르친 그 밖의 다른 계율과 교리에 따라 살아갈 것을 맹세한다.
● 앞의 책, p.157.

그물을 벗어난 금빛 물고기

부처님이나 보살을 신과 같은 존재로 인식하고 그 앞에서 복을 비는 기복신앙은 불교의 본질 자체를 왜곡하는 것이다. 기복주의 요소가 얼마만큼 뿌리 깊게 자리하고 있는지 기복을 비판하는 사람들이 도리어 공격을 당하고 있는 처지이다.

〈불교평론〉(2002, 여름·가을호)에서 마성 스님은 '초기-대승 불교 정체성 논쟁에 대한 검토'를 통해 만해 한용운 스님의 〈조선불교유신론〉의 내용을 적극적으로 인용해 논지를 전개했다. 필자도 한때는 〈조선불교유신론〉의 내용을 암송하고 다닐 만큼 '불교의 변화'를 강렬히 원했던 사람 중의 하나다. 그렇지만 만해 스님의 〈조선불교유신론〉이 교계 현실에선 그저 '고전' 속의 구호로만 취급되고 있는 현실을 접하고 낙담을 금치 못했었다. 만해는 독립운동가로, 시인으로만 만족해야 했지 그가 염원했던 불교혁신의 꿈은 거대한 절벽에 부닥쳐 사장되고 있었다.

만해와 암베드카르가 훌륭한 인물로서 세인의 존경을 받는 이유는 기존 '낡은 종교(관념과 인식이라고 해도 좋다)'를 배격한 데 있다. 불교의 본질을 회복시키려는 그들의 의지와 뜻이 절대로 중단돼서는 안 된다. 본질로의 회복은 그 어떤 것을 변화시키고 혁신하는 것보다 더 어려운 문제일지도 모른다. 한국불교의 신행 현실로 보아서는 분명 그렇다.

기복신앙의 가장 큰 문제는 불교의 근본 교리와 괴리돼 있다는 점이다. 앞서 예로 든『가미니경』의 지적처럼 아무리 기도를 해도 호수에 빠진 돌은 떠오르지 않고 기름은 가라앉지 않는다. 한국불교가 기복의 신행 형태를 극복하기 위해선 무엇보다 이 같은 부처님의 말씀(교리)을 체계적으로 교육할 필요가 있다.

사찰마다 교양대학을 개설해 운영하고는 있으나 깊숙이 들여다보면 기복을 방편으로 활용하려는 노력은 빈약하기 이를 데 없다. 다시 말해 기복이 방편이라고는 하지만 아예 방편으로 활용하려는 시도 자체가 눈에 띄지 않는다는 것이다.

교리의 체계적 습득은 부처님의 일대기에서 시작돼야 한다는 게 필자의 생각이다. 부처님의 생애를 모르고『지장경』이나 『화엄경』이나『능엄경』을 공부한다는 건 초등과목을 건너뛰고 대학원 수준의 전공과목을 가르치는 것과 같다. 부처님의 생애를 알게 되면 자연스레 그 사상과 가르침에 대한 이해도가 높다. 신도들을 상대로 한 교리교육을 위해 관련 커리큘럼을 마련하고 교리와 신행을 함께 가도록 하는 지침 제정도 검토해볼 일이다.

그물을 벗어난 금빛 물고기

02. 사찰재정의 투명화와 보시의 공덕

❀

　기복불교를 탓할 때 가장 염려하는 문제의 하나가 사찰재정이다. 기복이 부정됐을 때 사찰재정이 압박을 받는 것은 명약관화하다. 실제로 조계종단뿐 아니라 군소종단의 대부분 사찰에서는 기복을 조장하는 각종 재와 기도, 역술과 부적 등으로 재정을 충당하고 있는 게 오늘날의 현실이다. 여기에 기와 불사, 인등 불사, 입시기도, 영가천도, 생전예수재 등 기복 불사들이 기도의 주류를 이루고 있다. 만일 사찰이 신도의 길흉화복을 빌어주는 기복 불사를 하지 않으면 사찰의 존립 자체가 위협받는다 할 정도다.

　특히, 눈여겨볼 대목은 기복을 옹호하는 이들의 논지는 이 점에 착안해서 기복을 불교의 경제기반으로 삼고 있다는 점이다. 예를 들면 〈법보신문〉의 데스크는 기복불교 척결을 주장하는 이들에게 묻는다.

"그럼 포교는 무슨 돈으로 하고 사찰은 어떻게 유지하며 스님들은 무슨 돈으로 공부하나. 기복불교를 타도하자고 하기에 앞서 한국의 모든 사찰이 어떤 인적, 물적 자원을 바탕으로 운영돼야 하는지, 기복이 사라진 한국불교의 그 큰 공간에 현실적으로 기복 대신 무엇이 채워질 수 있는지를 현실성 있게 제시하라."•

다시 말해 기복이 없으면 절에 돈이 들어오지 않고 각종 불사도 되지 않으니 입 다물라는 주장이다. 이는 한마디로 억지 주장이자 비불교적 발상이다. 부처님은 청정수행과 설법으로 교단을 운영했다. 이런 주장에 공감하는 분들에게 부처님이 사주나 관상, 기복을 가르쳐서 교단을 운영하지 않았음을 왜 외면하고 있는지 묻고 싶다.

불교는 부처님을 모델로 하는 종교다.

형식이 달라진다 하더라도 정신이나 내용이 바뀌면 안 된다. 그런 점에서 부처님이 했던 그대로 정법에 따른 방법으로 교단이 운영된다면 교단재정 확충은 큰 문제가 되지 않으리라는 게 필자의 판단이다. 따라서 사찰재정의 위협을 내세워 기복을 옹호하는 태도는 옳지 못하다.

• 〈법보신문〉, 데스크의 눈, 675호, 2002. 11. 15.

그물을 벗어난 금빛 물고기

포교문제도 마찬가지다.

현대사회에서 교단재정은 포교와도 밀접한 관련이 있다. 재정이 풍부하면 그만큼 복지 교육 등 제 분야에 걸쳐 건실한 투자를 기할 수 있기는 하다. 그렇다고 사찰재정이 기복을 중심으로 한 물량주의로 흘러가는 것은 바람직하지 않다.

부처님 당시 수행자들은 생산노동에 종사하지 않고 걸식(탁발)에 의존해 생계를 유지했다. 재가불자 역시 수행자들에게 기꺼이 음식을 보시하는 것을 기쁨으로 여겼다. 그것은 기쁜 마음으로 행해지는 자비였고 수행자에 대한 존경과 귀의심의 표시이기도 했다. 이러한 행위는 후대에서처럼 어떤 거래적 조건이 부가되지 않았다. 이와 같은 인식의 확산이 이루어지면 사찰재정은 문제가 되지 않는다.

현시대에서 사찰재정과 연계해 기복을 옹호하는 것은 물량주의의 확대와 다를 바 없다. 이는 결코 바람직한 주장이 아니다. 대신 불교가 지닌 가치관과 덕목이 불자들 사이에 폭넓게 주입돼야 할 것이다. 보시와 자비는 다름 아닌 '현실 세계의 극락화'라는 대승불교의 지향과도 일치한다. 그렇다면 보시의 지계를 사찰재정과 결부해 일정 형식으로 제도화하는 것도 고려해봄 직하다.

03. 정법의 불교를 하자

우리나라 근·현대의 교육영향도 있겠지만, 흔히 종교와 구원
에 대한 개념과 정의를 대부분 서양식으로 파악하는 경우가 허
다하다. 그러다 보니 기복과 관련해서도 '개신교와 가톨릭도 기
복이 성행하는데 불교계에서만 유독 문제 삼는다.'며 볼멘소리
를 하는 경우가 나온다.

이는 불교를 여타의 종교와 동질의 것으로 파악하고 있는 그
릇된 견해다. 여타의 종교가 신에 의지해 자신의 구원과 행복
을 비는 일은 문제 삼을 게 없다. 그러나 불교는 다르다. 불보살
을 신으로 간주해 복을 비는 행위는 불보살을 욕되게 하는 일
이다. 불교는 서양종교와는 달리 '이성과 과학'에도 모순되지
않는다.

그물을 벗어난 금빛 물고기

'낡은 믿음'을 버리고 부처님 법을 따르는 것이 정법의 태도다. 정법을 지키지 않은 불교의 모습은 인도에서 여실히 보여주고 있다. 부처님의 땅 인도에서 불교가 없다는 것은 무엇을 의미하는가. 본래 이성과 지혜의 종교였던 불교는 인도 재래의 주술주의와 기복주의를 '중생구제의 방편'이란 말로 받아들이면서 변질과 왜곡을 거듭하다가 결국 힌두에 동화되면서 소멸하고 말았다. 부처님이 그토록 비판했던 주술과 기복에 훗날의 불교도가 빠져들면서 불교의 역사를 단절시킨 것이다.

이를 교훈 삼아 한국불교는 달라져야 한다. 달라져야 한다는 것은 정법으로의 회귀를 뜻한다. 정법대로 신행되지 않는 불교는 겉모습만 불교일 뿐 그것은 사이비에 불과하며 타락한 불교다. 정법신앙의 뿌리가 내리지 않고는 불교 본래의 기능을 수행해 내기란 어렵다. 정법이란 비법(非法)이 아니란 뜻이다. 정법은 모든 인간을 고통으로부터 해방하자는 부처님의 뜻에 따른 진리의 교시다. 따라서 정법이 신앙의 수단이 되고 믿음의 방편이 돼야 한다.

지금까지 기복이 안고 있는 문제점과 이의 극복방안에 대해 말했다. 인간은 누구나 행복하게 살고 싶어 한다. 종교는 이 같은 인간의 바람과 염원을 실현하려는 기능을 담지하고 있다. 불교도 예외는 아니다. 그래서 부처님이 성도 후 처음 설법을 하신 사성제와 팔정도의 내용도 바로 괴로움을 끊고 영원한 행복을 성취하는 길을 밝히신 것이다.

사성제란 괴로움의 현실을 알고(苦諦), 괴로움의 원인을 끊어야 하며(集諦), 괴로움이 멸한 상태를 증득해야 하고(滅諦), 괴로움을 멸하는 도를 닦아야 한다(道諦)는 것이다. 따라서 이를 통해 중생들이 영원한 행복을 이루려면 여덟 가지의 바른 길(八正道)을 실천해 나가야 한다.

이 같은 행복의 길을 제시했음에도 불구하고 한국 불자들이 지나치게 기복에 의존하고 있는 현실은 전혀 바람직하지 않다. 기복은 앞서도 말했지만, 그 어떤 초월적 신에 의지해 행복을 갈구하는 행위다. 불교는 신의 존재를 인정하는 다른 종교와는 입장을 달리 취하고 있다. 신의 존재를 인정함으로써 신의론(神意論)에 의지하는 여타의 종교에서나 있을 법한 기복신앙이 지혜와 이성을 앞세우는 불교에서 횡행하고 있는 것은 크게 잘못된 것이다.

일부 기복신앙 옹호론자들은 '초기부파불교 시대에도 기복신앙은 있었다.'거나 '다른 나라에도 기복신앙이 있으므로 한

그물을 벗어난 금빛 물고기

국불교의 기복 현상도 나무랄 것이 아니다.'라고 주장하고 있으나 그것은 어디까지나 잘못된 현상의 반영이지 불교가 그것을 용인한다는 증거는 아니다. 불교의 교리 어디에도 기복을 권장하는 가르침이 없다면 이런 주장들은 옳지 않다.

여기에서 한 걸음 더 나아가 기복을 문제 삼는 데 대해 한국불교 안에 있으면서 한국불교를 비판하면 안 된다는 주장은 그 수준을 의심케 한다. "한국불교에 문제가 있다."라고 주장하면서 그 문제 있는 한국불교 내부에서 기득권을 버리지 못하고 초기불교 지상론을 편다면 그 행위는 과연 옳은 것인가? 비겁함이고 이율배반이다.

그들은 응당 "그들이 대수롭지 않게 생각하는 한국불교 내에서 한국불교 때문에 누리고 있는 알량한 것들을 포기해야 한다."●거나 기복을 비판하는 이들을 '몬스터'(괴물을 말함)로 지칭하며 "기복을 타도하려고 주장하려거든 기복불교로부터 오는 일체의 혜택에서 벗어나는 자세를 꼭 보여야 할 것이다. 적어도 '몬스터'라는 소리가 듣고 싶지 않다."● 등 상식 이하의 발언은 충격적이다.

● 〈법보신문〉, 송위지-초기불교 지상론자들의 이율배반적 행태에 부처, 657호, 2002. 5. 22.
● 〈법보신문〉, 데스크의 눈, 675호, 2002. 11. 15.

그렇다면 한국불교의 문제는 누가 지적해야 하는가? 이교도들이 해야 하는가? 다른 외국 사람들이 지적해야 하는가? 이들의 주장은 이교도가 하면 괜찮고 불교인이 하면 안 된다는 의미인지 묻고 싶다.

또 '혜택받은 사람이 그러면 안 된다'고 충고까지 곁들이고 있는데 이 충고의 저의가 비판론을 재갈 물리고 기복을 정당화하기 위한 것이라면 불순하기 짝이 없는 것이라 할 것이다. 그런 치졸한 논리는 마치 개발독재시대의 경제적 성장으로 혜택을 누리고 있으니 그때의 문제점을 말하면 안 된다는 것과 같은 것일 뿐이라는 점을 지적해두고자 한다.

필자는 이러한 일련의 옹비론을 지켜보며 한국불교의 미래를 위해서나 정법의 수레바퀴를 바로 돌리기 위해서라도 제2·제3의 만해 스님이나 암베드카르 같은 인물들이 계속 배출돼야 한다는 생각을 떨치지 못했다. 정법의 당간이 바로 서느냐 이대로 비법이 횡행하느냐 기로에 놓여 있다는 생각에서다. 거듭 강조하건대 정법으로의 회귀는 이 시대 우리 불자들에게 주어진 의무이자 책무다.

그물을 벗어난 금빛 물고기

부록

_ 인권문제 불교적 대안

01. 개인과 사회, 그리고 중생요익(衆生饒益)

인권은 인간이 사는 동안에 보호받고 누려야 할 기본 권리이다. 그것은 사회, 경제, 교육 등 제반에 걸쳐 인간답게 살아야 할 권리와 나아가서는 자유까지를 포함한다.

인권문제가 인류사회에 보편성을 담보로 대두한 것은 17세기 영국 혁명, 18세기 미국 독립혁명, 프랑스 혁명 등 부르주아 계층이 끌어낸 근대시민 혁명이 계기가 된 것으로 알려졌다. 이때부터 인류사회는 인권을 법제화(法制化)하는데 애를 썼고, 더욱 진일보한 인권을 보장하고 신장시키는데, 나름의 자구책을 기울여왔다.

그러나 21세기에 들어와 현재까지도 인권은 역시 미완의 과제로 남아있다. 인권은 인간이 아무리 최첨단의 문명시대를 살거나 갈등을 최소화한 이상세계를 산다 해도 완전히 해결할 수 있는 성질의 문제가 아니기 때문이다.

왜 그런가? 인류사회는 예나 지금이나 항상 갈등구조에 놓여 있고, 동시대를 살면서도 인식의 차이를 지니고 있다. 인간의 갈등구조들과 인식의 차이는 숱한 인권문제와 아주 밀접한 영향을 주고받는다.

오래전 우리나라에서 보여주었던 '호주제 폐지 법안' 관련 사안은 이에 해당하는 좋은 실례다. '호주제 폐지'는 가부장적 봉건체제의 잔재를 걷어낸다는 의미를 담고 있을 뿐 아니라 '여권신장'을 통한 양성평등 사회를 지향한다는 상징성을 안고 있다.

하지만 이것은 오랜 구습에 익숙한 일부 보수주의자와 남성 우월주의자의 거센 비난과 반발을 받으면서 '폐지'에 이르기까지 상당한 진통을 겪어야 했다. 인권은 바로 이 예처럼 특정 시대의 특정 정서와 관습, 또는 정치적 선택에 따라 새로운 갈등을 안게 되는 연장선에 늘 놓인다.

그렇다면 오늘날 한국사회, 나아가 세계 인류가 주목해야 할 인권문제는 무엇인가? 우리는 이 문제를 풀기 위해 우선 접근 방식이 무엇인가를 먼저 고려하지 않으면 안 된다. 그 이유는 동서양 간엔 서로가 오랜 기간 전해져 내려온 훈습이 있게 마련이다. 이로 인해 가치관 충돌은 언제나 상존한다.

실제로 인류의 역사를 살펴볼 때 인권과 인권이 상충해 서로 상처를 입히는 경우를 종종 있었다. 인권은 개인과 개인이 부딪히는 예도 있으나 대부분 지배계층의 억압과 외면으로 인해 누구나 보장받아야 할 인권이 유린당하거나 희생되는 예가 허다하다.

그리하여 나의 인권을 지키기 위해 법적 보호에 기대기보다 '집단호소'에 의지해 항쟁을 통한 대립 양태를 보여 온 것이 저간의 사정이다. 이것이 과연 최선이며 바람직한가의 문제는 이쯤에서 한 번쯤 냉정하게 점검해볼 일이다.

인권은 바로 인간의 문제이다. 따라서 인권문제에 접근하기 위해선 인류사회의 보편적인 타당성을 우선해야 하겠지만, 간과해서 안 될 것이 '인간은 무엇인가?'라는 본질적 물음을 해결하는 데에서 실마리를 마련해야 한다.

특히, 불교계에서 추구하는 인권 운동에서는 이 원초적 의문을 교리적 측면에서 먼저 정리하고 넘어가야 한다.

그물을 벗어난 금빛 물고기

02. 불교에서 말하는 인간은 무엇인가?

불교에서 말하는 이상적인 인간상은 보살이다, 보살은 지혜와 자비를 구족하고 이를 실천하는 사람을 일컫는다. 스스로 끊임없이 깨달음을 구하고(上求菩提) 또 한편으로 중생을 구제하는 데 힘쓰는(下化衆生) 것이 보살이다. 보살은 또 대자대비를 실천하고 구고구난(救苦救難)에 앞장선다.

자비란 일반적인 동정이나 사회 활동을 통한 봉사와는 의미가 다르다.

모든 이기와 탐욕을 떨치고 일체의 중생을 자신과 한 몸으로 보고 살아가는 것이 자비의 근본정신이다. 그러므로 자기 개인의 이익과 고통 속에서도 주저하거나 위축됨이 없이 모두와 함께하는 평등성을 실현하고자 한다.

사회학적 또는 민중 불교적 시각에서 자비의 해석은 온 중생이 함께 해방되는 길이다. 집착과 대립, 탐욕과 이기로 인한 불평등과 차별을 없애고 평등을 실현함으로써 모든 중생이 함께 깨달음으로 나아가는 방편이다. 실제로 대승 경전의 핵심내용은 최고의 깨달음으로 가는 데 있어서 자비가 최상의 실천덕목이다.

그런데 여기에서 우리가 주의 깊게 살펴야 할 대목이 있다.

보살은 자비를 실천하는 데 있어서 상대를 분별하지 않는다는 점이다. 어떠한 경우라 할지라도 결코 상대를 분별하여 이기적 삶에 빠지거나 빈부와 권력과 지식의 폭에 따라 편드는 일이란 없다. 누구를 '편듦' 대신 나와 남이 차별이 없도록 자신을 버림으로써 모두 하나 되어 궁극적인 깨달음으로 나아가도록 돕는 것이 보살이다. 이것은 매우 중요한 의미를 우리에게 시사하고 있다.

03. 당면한 인권문제 무엇이 있는가?

인류사회는 아직도 곳곳에서 개인의 인권이 특정 상황에 따라 심각하게 유린당하는 경우가 적지 않다. 그렇지만 개인의 인권은 대응방법과 그 정황에 따를 집단대응이 이뤄지면 대외적인 경각과 효과를 부름으로써 타개되는 경우 또한 종종 있다.

여기에서 화두를 제기하고자 하는 것은 아직도 인류사회가 풀지 못하고 있는 인류 공동의 인권문제다. 그것은 대체로 다섯 가지로 압축된다 할 수 있다.

그물을 벗어난 금빛 물고기

첫째, 사형제도의 존속이다.

불교의 영향 아래 살고 있다는 우리나라에서조차 사형제도는 버젓이 적용되고 있는 가운데 60개에 달하는 국가가 여전히 사형제를 고수하고 있다. 무슨 잘못을 지었든 '사람의 목숨(佛性)'을 법률의 이름으로 단절시키는 제도는 불교적 입장에서 수긍하기는 어렵다.

둘째, 지금도 그렇고 향후 수 없는 갈등을 잉태할 수 있는 안락사(安樂死)와 관련된 인권문제다.

의학적으로 '식물인간인 환자의 인권은 적용하지 않는가'하는 문제, 혹은 이를 법률적으로 허용하는 문제는 여전히 시비의 대상이다. 중요한 것은 불교의 생명관에서 살펴볼 때 안락사를 어떻게 받아들여야 하느냐는 것이다.

셋째, 임신중절(낙태)의 문제다.

낙태는 안락사와 마찬가지로 인위적으로 사람의 목숨을 제거하는 행위다. 이를 도덕적·종교적 규범에 집착해 무조건 막으면 또 다른 사회적 문제를 양산할 수 있다는 점도 골칫거리다. 더욱이 청소년들의 성도덕이 위험수위에 달했다고 지적되는 현 우리 사회에서 이 문제는 심각하고도 긴밀한 대응책이 마련돼야 한다는 지적이 높다.

넷째, 전쟁을 비롯한 폭력을 동원한 물리적 충돌 행위이다.

세계인류사에서 수많은 인명이 살상됐고, 그 징후는 여전히 계속

되고 있다. 지금 세계 도처에서 자행되고 있는 분쟁은 물론 종교와 종족 간의 대립 양태는 여전히 인권을 위협하는 가장 위험한 요인으로 작용하고 있다. 과연 미국과 중국 등 강대국이 조종하고 주도하는 전쟁은 묵인되어야 하는지 성찰해 볼 일이다.

마지막으로 세계 곳곳에서 발생하고 있는 소수민족의 절멸 학대 행위다.

이것은 경제적 지원과 자립을 돕는다는 명목으로 강대국이 밀고 들어와 그들을 식민지화하는 현상으로 마치 19세기와 20세기 초 서구사회의 대 동양국가 식민화 경쟁과 흡사하다. 이 과정에서 수많은 인권이 유린당하고 인명이 살상되는 예가 허다하다는 게 국제 사회의 전언이다.

이 다섯 과제는 우리 세계 인류에게 주어지고 있는 인권과 관련된 과제다.

04. 불교계의 향후 대응방안

그렇다면 이에 관한 불교계의 대응방안은 어떠해야 하는가?

무엇보다 한국불교계는 인권문제와 관련해 지금까지 국내적 여

그물을 벗어난 금빛 물고기

건 성숙에 힘을 기울였다면 이젠 국제사회로 역량을 결집할 때가 아닌가 여겨진다.

그러기 위해 앞서 제기한 다섯 가지의 사안에 불교적 입장이 어떤지 교리상으로 정의하는 일이 시급하다. 불교의 제반 경전은 일체중생의 구제를 위한 실상의 세계를 밝히고 있으며 그 어떠한 작은 생명체라 하더라도 어느 누가 힘으로 제압하고 짓밟아서는 안되는 존엄한 존재로 파악하고 있다.

이를 기본으로 각종 사회적 병리 현상은 물론 인류가 직면한 문제의 대응책이 무엇인지 풀어내는 일에 진력해야 할 것이다. 나아가 인권운동의 주체를 담당할 조직과 대외적 역량을 확대해 국제사회에 영향력을 배가시키는 노력을 기울여 나가야 한다.

종교계가 주도하는 대외적 활동은 국제사회의 협력이 쉽고 대외기구의 활용도를 높일 수 있다. 따라서 다른 종교와 종파의 협조 체계 구축도 중요하게 고려해야 할 사안 중의 하나다. 또한, 세계적인 인물로 활동하고 있는 '달라이 라마'나 '틱 낫 한' 등의 고승들과 연계해 인권문제를 풀어나가는 방안도 검토해 볼 일이다.

인권문제에 대한 폭넓은 인식 고양과 관심 제고에도 심혈을 기울여야 한다. 특히 불교의 교리적 입장이 어떠한지 내용으로만 생명의 존엄함을 일깨우고 불상해(不傷害), 불살생(不殺生), 즉 자비의 힘이 인권신장에 얼마나 위대한 힘을 발휘하는지 선전운동을 강력히 펴나갈 필요가 있다.

이와 관련해선 인터넷의 활용이 중요하다. 국내용 홈페이지조차 지니지 못하고 있는 우리 '불교 인권위'의 현실을 보면 안타까움이 앞서는데 그렇다고 '인권'을 풀어나가는 데 있어서 내버려둬서는 안 될 문제이다. 물론 여기에는 각계의 지원과 뜻있는 불자들의 동참을 우선해야 할 것이다.

마지막으로 인권의 중요성을 일깨우기 위한 교육 사업이다.

모든 교육이 그렇듯이 어릴 때부터 이루어진다면 그 효과가 큰 법이다. 인권과 관련한 교재를 개발하고 이해를 쉽게 돕기 위한 시청각 재료 등을 만들어 교육기관의 협조 속에 청소년을 상대로 한 교육하자는 것이 필자의 주장이다. 이렇게 된다면 청소년들 스스로 '낙태', '폭력' 등이 갖는 부도덕성을 인식하고 나아가 미래사회에서의 건강한 인권시대를 열어갈 것으로 기대한다.

이제 세계를 무대로 인권신장을 위해 뛰는 보살들이 부지기수로 늘어나는 모습을 보고 싶다.

그물을 벗어난
금빛 물고기

1판 1쇄 인쇄 | 2020년 11월 05일
1판 1쇄 발행 | 2020년 11월 12일

지은이 | 김종만
펴낸이 | 김경배
펴낸곳 | 시간여행
편   집 | 김지수
디자인 | 디자인[연:우]
등   록 | 제313-210-125호 (2010년 4월 28일)
주   소 | 경기도 고양시 덕양구 지도로 84, 5층 506호(토당동, 영빌딩)
전   화 | 070-4350-2269
이메일 | jisubala@hanmail.net

종   이 | 화인페이퍼
인   쇄 | 한영문화사

ISBN 979-11-90301-10-7 （03220）

* 이 책의 내용에 대한 재사용은 저작권자와 시간여행의 서면 동의를 받아야만 가능합니다.
* 잘못 만들어진 도서는 구입한 곳에서 바꾸어 드립니다.

이 도서의 국립중앙도서관 출판예정도서목록(CIP)은
서지정보유통지원시스템 홈페이지(http://seoji.nl.go.kr)와
국가자료종합목록 구축시스템(http://kolis-net.nl.go.kr)에서 이용하실 수 있습니다.
(CIP제어번호 : CIP2020046635)